Politik begreifen

Schriften zu theoretischen und empirischen Problemen der Politikwissenschaft

Politik begreifen

Schriften zu theoretischen und empirischen Problemen der Politikwissenschaft

Band 23

„Alter Wein in neuen Schläuchen?“

Eine kritische Analyse des Konzepts Sozialer Mechanismen vor dem Hintergrund Hartmut Essers Modell Soziologischer Erklärung (MSE)

von

Florian Auras

Herausgegeben von
Prof. Dr. Johannes Marx
Dr. Annette Schmitt
Prof. Dr. Volker Kunz

Tectum Verlag

Florian Auras

„Alter Wein in neuen Schläuchen?“.
Eine kritische Analyse des Konzepts Sozialer Mechanismen vor dem Hintergrund
Hartmut Essers Modell Soziologischer Erklärung (MSE)

Politik begreifen: Schriften zu theoretischen und empirischen Problemen
der Politikwissenschaft; Band 23

ISBN: 978-3-8288-3565-8
ISSN: 1867-755X
Umschlagabbildung: © E_K | shutterstock.com & Aleks Melnik | shutterstock.com

Druck und Bindung: Schaltungsdienst Lange, Berlin

Printed in Germany

Besuchen Sie uns im Internet
www.tectum-verlag.de

Bibliografische Informationen der Deutschen Nationalbibliothek
Die Deutsche Nationalbibliothek verzeichnet diese Publikation in der Deutschen Nationalbibliografie; detaillierte bibliografische Angaben sind im Internet über http://dnb.ddb.de abrufbar.

Vorwort der Herausgeber

Können soziale Phänomene – gewaltsame Konflikte, nachlassende Wahlbeteiligung, Aufstieg und Niedergang von Parteien – analog zu Blitz und Donner, Erdbeben und Vulkanausbrüchen und die Bewegung von Planeten erklärt werden? Und wenn ja: wie? Diese Fragen treiben die Wissenschaftstheorie der Sozialwissenschaften seit langem um. Unter denjenigen, die der Ansicht sind, dass soziale Phänomene analog zu natürlichen erklärt werden können, aber dazu auf individuelles Handeln zurückgeführt werden müssen, erfreut sich das Modell soziologischer Erklärung (MSE) großen Zuspruchs, das u. a. von James Coleman entwickelt und v. a. von Hartmut Esser in die deutschsprachige Diskussion eingeführt wurde. Dieses Modell, wegen seiner Makro-Mikro-Makrostruktur häufig auch „Badewanne“ genannt, erhält allerdings in den letzten Jahren Konkurrenz durch Erklärungsversuche – etwa von Peter Hedström und Richard Swedberg –, die sich sogenannter sozialer Mechanismen bedienen.

Florian Auras widmet sich nun der Frage, worin die Meriten dieser Überlegungen bestehen. Ist der Ansatz, soziale Phänomene mittels Mechanismen zu erklären, dem Modell der „Badewanne“ überlegen? Oder nimmt er lediglich einen Aspekt dieses Modells genauer in den Blick, so dass er letztendlich in Essers MSE integriert werden könnte? Um diese Frage zu beantworten, rekonstruiert Auras die zentralen Begriffe beider Vorschläge, um auf dieser Grundlage, erstens, die beiden Modelle zu vergleichen und, zweitens, – etwa im Hinblick auf begriffliche Unschärfen – zu kritisieren sowie, drittens, generelle Überlegungen zu den Probleme einer solchen metatheoretischen Analyse anzustellen. Dabei argumentiert er auf höchstem Niveau systematisch, präzis und verständlich und leistet damit einen wichtigen Beitrag zur Erforschung der Grundlagen einer theoriegeleiteten empirischen Politikforschung.

Wir freuen uns sehr diesen Beitrag zur sozialwissenschaftlichen Grundlagenforschung in der Reihe „Politik begreifen“ veröffentlichen zu dürfen.

Mainz und Bamberg im April 2015

Die Herausgeber

Vorwort des Autors

Die methodologischen Grundfragen der Sozialwissenschaften sind und bleiben hochspannend! Es freut mich, diese Erkenntnis im Laufe meines Studiums an der Mainzer Johannes-Gutenberg-Universität erlangt zu haben und nun sogar Raum geboten zu bekommen, mich eigenständig mit einem Teilbereich dieser Thematik auseinanderzusetzen.

Als Initialzündung wirkten die Vorlesungen und insbesondere ein Hauptseminar zur „Modellierung sozioökonomischer Prozesse" bei Herrn Prof. Volker Kunz, dem ich an dieser Stelle herzlich danke: Unvergessen seine kritisch-konfrontierende Moderationsführung, die den oder die eine(n) oder andere(n) in der Runde bisweilen an den Rande der argumentativen Sprachlosigkeit und Verzweiflung brachte, wohl gewahr, dass die Pointe – nämlich, dass wir insgesamt auf einem guten Wege und kurz vor dem Ziel seien, das betreffende Problem so präzise auf den Punkt zu bringen, dass man es in einer Diskussion auch mit Wirtschaftswissenschaftlern aufnehmen könne – mit Blick auf die Uhr eigentlich so langsam kommen müsste. Oder lagen wir in der Seminarsitzung diesmal allesamt doch so komplett daneben?

Zugleich bin ich dankbar dafür, noch im auslaufenden Staatsexamen-Studiengang „Sozialkunde" und entgegen heutiger Timetable-Konformität á la Bolognese die Chance (aber auch die selbstgesteckte Herausforderung) gehabt zu haben, beim Verfassen von Hausarbeiten ambitionierte, bisweilen umständliche Wege zu beschreiten, die schlichtweg Zeit kosteten – und schließlich aber in Frau Dr. Cornelia Frings eine umsichtige Betreuerin meiner Abschlussarbeit zu finden, die sich mehr als spontan bereiterklärte, zu helfen, als es zügig gehen musste und deren sympathische und offene Art, sowie ihr aufmunternder Rat Selbstvertrauen schafften und unverzichtbar zum Gelingen dieser nun in Buchform vorliegenden Arbeit beitrugen.

Ich danke ferner der Zweitkorrektorin Frau Prof. Claudia Landwehr, sowie insbesondere den beiden Herausgebern Frau Dr. Annette Schmitt und Herrn Prof. Johannes Marx für das in mich gesetzte Vertrauen und die Möglichkeit zur Veröffentlichung. Dank gebührt auch Frau Sabrina Gröne und Herrn Mathias Keiler vom Tectum Verlag für die reibungslose Zusammenarbeit. Schließlich danke ich meinen Freunden – Jan Zimmermann für Unterstützung bei der Korrektur und Dirk Ellebrecht für schlaflose Hilfen bei der finalen Layout-Gestaltung. Nicht zuletzt danke ich meinen lieben Eltern, die mir mit Geduld und finanzieller Unterstützung stets den Rücken freihielten.

Mainz, im Dezember 2014

Inhaltsverzeichnis

Abbildungsverzeichnis

Tabellenverzeichnis

1 Einleitung

„Die Soziologie als multiparadigmatische Wissenschaft konstituiert sich […] über unterschiedliche Grundsatz-Entscheidungen für bestimmte methodologische Heuristiken."[1] (Gert Albert)

„Eine zentrale Aufgabe der Sozialwissenschaften besteht in der Erklärung sozialer Sachverhalte."[2] So trivial diese Bemerkung auf den ersten Blick klingen mag – sie birgt doch Diskussionspotenzial: Denn, wie Maurer mit Recht bemerkt: „Bis heute herrscht keine Einigkeit über die Aufgaben, die Ansprüche und die Grenzen soziologischen Arbeitens […]"[3], im Übrigen sei „nach wie vor umstritten, ob die Soziologie überhaupt als eine erklärende Wissenschaft zu betreiben ist, und wenn ja, wie soziologische Erklärungen sozialer Sachverhalte anzulegen sind."[4] Die fortlaufende Kontroverse um eine „beschreibend-verstehende", alternativ zu einer „erklärenden" Soziologie[5], illustriert dies beispielhaft.

Immerhin, es gibt mittlerweile eine breit aufgestellte Riege an Soziologen, die den Erklärungsanspruch der Sozialwissenschaften – im Sinne eines Denkens in Ursache-Wirkungszusammenhängen und des damit verbundenen Beantwortens

---

1 Albert, Gert: Handlungstheorien Mittlerer oder Universaler Reichweite? In: Albert, Gert/Sigmund, Steffen (Hrsg.): Soziologische Theorie kontrovers. Kölner Zeitschrift für Soziologie und Sozialpsychologie, Sonderheft 50. VS Verlag für Sozialwissenschaften, Wiesbaden 2010, S. 526.

2 Opp, Karl-Dieter: Methodologie der Sozialwissenschaften. Einführung in Probleme ihrer Theorienbildung und praktischen Anwendung. Springer VS Wiesbaden, 7. Auflage 2014, S. 36 (im Folgenden zitiert als: Opp, Methodologie).

3 Maurer, Andrea: Soziale Mechanismen und das struktur-individualistische Erklärungsprogramm. Zur forschungspraktischen Verortung sozialer Mechanismen. In: Schmitt, Marco/Florian, Michael/Hillebrandt, Frank (Hrsg.): Reflexive soziale Mechanismen. Von soziologischen Erklärungen zu sozionischen Modellen. VS Verlag für Sozialwissenschaften, Wiesbaden 2006, S. 141 (im Folgenden zitiert als: Maurer, Soziale Mechanismen).

4 Ebenda. Vgl. auch: Schmid, Michael: Zur Logik mechanismischer Erklärungen in den Sozialwissenschaften. In: Schmitt, Marco/Florian, Michael/Hillebrandt, Frank (Hrsg.): Reflexive soziale Mechanismen. Von soziologischen Erklärungen zu sozionischen Modellen. VS Verlag für Sozialwissenschaften, Wiesbaden 2006, S. 31 (im Folgenden zitiert als: Schmid, Zur Logik).

5 Zu einem aktuellen Überblick über die Verstehen-Erklären-Kontroverse siehe Greshoff, Rainer/Schimank, Uwe: Einleitung: Was erklärt die Soziologie? In: Schimank, Uwe/Greshoff, Rainer (Hrsg.): Was erklärt die Soziologie? Methodologien, Modelle, Perspektiven. LIT Verlag, Berlin 2005, S. 15f.; siehe auch Schmid, Michael: Ist die Soziologie eine erklärende Wissenschaft? In: Schimank, Uwe/Greshoff, Rainer (Hrsg.): Was erklärt die Soziologie? Methodologien, Modelle, Perspektiven. LIT Verlag, Berlin 2005, S. 137ff. (im Folgenden zitiert als: Schmid, Ist die Soziologie).

von „Warum"-Fragen[6] – wie selbstverständlich vertritt.[7] Schlägt man sich aus guten Gründen[8] auf ihre Seite, so beinhaltet das in der Regel, auch zwei weiteren methodologischen Grundannahmen der Fachrichtung zuzustimmen: Einerseits der Annahme, dass das Erklärungsinteresse der Soziologie ausschließlich auf der „Makro-Ebene", d. h. auf der Ebene kollektiver Phänomene bzw. sozialer Aggregationen liege, mithin also das Zustandekommen und Funktionieren sozialer Phänomene erklärt werden solle.[9] Des Weiteren gilt als gesetzt: „Es gibt keine ‚Makro-Gesetze'"[10], was umgekehrt bedeutet, dass sich Erklärungen für kollektive Explananda also gerade nicht auf der Ebene der (aggregierten) sozialen Beziehungen, der Makro-Ebene, finden lassen.[11] Lässt man Debatten-Querschüsse, wie etwa den Ratschlag, man solle den Gegenstand der Soziologie doch gleich komplett auf Basis fundamentaler physikalischer Strukturen rekonstruieren[12], einmal außen vor, findet sich dann meist übereinstimmend gefolgert, dass ausschließlich der „Umweg" über die Individual- (bzw. „Mikro"-)Ebene, also das Nachvollziehen der Handlungen menschlicher Akteure, zur Erklärung von Mak-

---

6 Zu dieser – rudimentären – Erklärungsdefinition: Vgl. Greshoff/Schimank, S. 13; Opp, Methodologie, S. 51. Opp gibt einen schönen Überblick über verschiedene Problemtypen, die sich dem modernen Sozialwissenschaftler stellen: Vgl. Opp, Karl-Dieter: Der Beitrag der Sozialwissenschaften zur Lösung praktischer Probleme. In: Soziologie 34, Heft 2, 2005, S. 131–152.

7 Prominente Vertreter sind neben Karl-Dieter Opp etwa Hartmut Esser, Rainer Greshoff und Uwe Schimank:Vgl. etwa Greshoff/Schimank, S. 13.

8 Vgl. etwa die Argumentation bei Opp, Methodologie, S. 70ff; 74ff.

9 Vgl. dazu Esser, Hartmut: Soziologie. Allgemeine Grundlagen. Campus Verlag, Frankfurt am Main/New York, 3. Auflage 1999, S. 36; S. 85, (im Folgenden zitiert als: Esser, Allgemeine Grundlagen). Esser spricht vom „analytischen Primat der Soziologie [...] auf der Makro-Ebene." Ebenda, S. 4. Inhaltlich ebenso: Kron, Thomas/Lasarczyk, Christian W.G.: Zur sozionischen Notwendigkeit mechanistisch-soziologischer Erklärungen. In: Schmitt, Marco/Florian, Michael/Hillebrandt, Frank (Hrsg.): Reflexive soziale Mechanismen. Von soziologischen Erklärungen zu sozionischen Modellen. VS Verlag für Sozialwissenschaften, Wiesbaden 2006, S. 113. Schmid listet als Erklärungsgegenstände auf: „[...]Makrostrukturelle Verteilungen, kollektive Handlungseffekte, Organisations- und Beziehungsformen, das Funktionieren von Handlungs-Systemen, Handlungszusammenhänge oder kurz ‚kollektive Phänomene'[...]." Schmid, Zur Logik, S. 35.

10 Kron, Thomas: Mechanistisch-soziologisches Erklärungsmodell – Auf dem Weg zu einer „generativen Soziologie". In: Schimank, Uwe/Greshoff, Rainer (Hrsg.): Was erklärt die Soziologie? Methodologien, Modelle, Perspektiven. LIT Verlag, Berlin 2005, S. 171.

11 Vgl. Weihrich, Margit: Passt die phänomenologische Soziologie in ein allgemeines Modell einer soziologischen Erklärung? In: Schimank, Uwe/Greshoff, Rainer (Hrsg.): Was erklärt die Soziologie? Methodologien, Modelle, Perspektiven. LIT Verlag, Berlin 2005, S. 242.

12 Vgl. Wagner, Gerhard: Die Wissenschaftstheorie der Soziologie. Ein Grundriss. Oldenbourg Verlag, München 2012, S. 2.

rophänomenen tauge.[13] Zu diesem schlagwortartig mit dem Titel „Methodologischer Individualismus“[14] versehenen Programm bekennen sich mittlerweile fast sämtliche Vertreter des Erklärungsanspruchs.[15]

Soweit der erstaunlich breite Konsens. Doch nach wie vor umstritten ist die Frage nach dem „Wie“: Wie sollen Erklärungen in den Sozialwissenschaften, wie soll die erklärende Verknüpfung zwischen Mikro- und Makroebene denn konkret aussehen? Kron und Lasarczyck bringen es auf den Punkt: „Das Hauptproblem zur Beantwortung der Frage nach d*em* soziologischen Erklärungsmodell ist, dass es ein solches *nicht* gibt.“[16] D.h., weder gibt es hier einheitliche Vorstellungen[17], noch liegt ein sichtbarer integrierender Konsens vor[18] – wenngleich sich in den vergangenen Jahren zwei theoretisch-methodologische Hauptströmungen

---

13 Der Gedanke, dass soziale „,Gebilde' [...] auf verständliches Handeln, und das heißt ausnahmslos auf das Handeln der beteiligten Einzelmenschen zu reduzieren" sind, findet sich bereits bei Max Weber. Vgl. Weber, Max: Gesammelte Aufsätze zur Wissenschaftslehre, 3. Auflage, Tübingen 1968, S. 439.

14 Definiert als "idea, that all social phenomenas can be explained in terms of individuals and their behaviour." Elster, J.: A plea for mechanisms. In: Hedström, Peter/Swedberg, Richard (Hrsg.): Social Mechanisms. An Analytical Approach to Social Theory, Cambridge University Press 1998, S. 47. Oft wird auch von „strukturtheoretischem Individualismus“ gesprochen – mit Rainer Greshoff teile ich aber die Ansicht, dass es sich dabei lediglich um eine Variante des methodologischen Individualismus handelt. Vgl. Greshoff, Rainer: Strukturtheoretischer Individualismus. In: Kneer, Georg/ Schroer, Markus (Hrsg.): Handbuch Soziologische Theorien. VS Verlag für Sozialwissenschaften, Wiesbaden 2009, S. 445ff. (im Folgenden zitiert als: Greshoff, Strukturtheoretischer Individualismus).

15 Vgl. etwa Hedström, Peter/Swedberg, Richard (Hrsg.): Social Mechanisms. An Analytical Approach to Social Theory, Cambridge UK: Cambridge University Press 1998, S. 12; Maurer, Soziale Mechanismen, S. 144; Schmid, Zur Logik, S. 54. Einschränkend zu einer kompromisslosen Anwendung des Konzepts: Mayntz, Renate: Zur Theoriefähigkeit makro-sozialer Analysen. In: Mayntz, Renate (Hrsg.): Akteure – Mechanismen – Modelle. Zur Theoriefähigkeit makro-sozialer Analysen. Campus Verlag, Frankfurt am Main 2002, S. 31 (im Folgenden zitiert als: Mayntz, Zur Theoriefähigkeit). Die Autorin hält es z.B. – je nach Erklärungsgegenstand – „aus pragmatischen Gründen“ für unnötig, auf individuelle Akteure als unterste Analyseebene zu setzen. Stattdessen sei es zur Vereinfachung oft ausreichend, „soziale Aggregationen, denen man Handlungsfähigkeit zuschreiben kann“, zur Mikrofundierung heranzuziehen. Vgl. ebenda. An anderer Stelle spricht sie deshalb auch von „korporativen Akteuren“ und meint damit z.B. Organisationen. Vgl. Mayntz, Renate: Soziale Mechanismen in der Analyse gesellschaftlicher Makro-Phänomene. In: Schimank, Uwe/Greshoff, Rainer (Hrsg.): Was erklärt die Soziologie? Methodologien, Modelle, Perspektiven. LIT Verlag, Berlin 2005, S. 217 (im Folgenden zitiert als: Mayntz, Soziale Mechanismen).

16 Kron/Lasarczyk, a.a.O., S. 112, Hervorhebung im Original.

17 Vgl. Kron, a.a.O., S. 170; Greshoff/Schimank, a.a.O., S. 21.

18 Vgl. Kron/Lasarczyck, a.a.O., S. 112f.

herauskristallisierten, die jeweils für sich den Anspruch erheben, ein solch umfassendes Erklärungsmodell durchaus in petto zu haben: Zum einen handelt es sich um die klassische „Badewanne", welche, von unterschiedlichen geistigen Urvätern bzw. Bauherren[19] entwickelt, im deutschsprachigen Raum maßgeblich von Hartmut Esser unter der Bezeichnung „Modell Soziologischer Erklärung" (MSE) inhaltlich präzisiert und in Richtung eines integrativ angelegten Forschungsprogramms ausgebaut wurde.[20]

Zum anderen gibt es seit Ende der 90er Jahre die zunehmend prominente Forderung nach einer Erklärung mittels „sozialer Mechanismen".[21] Ausgelöst nicht zuletzt durch Peter Hedströms und Richard Swedbergs Sammelband „Social Mechanisms"[22], hat das Mechanismus-Konzept[23] bzw. der damit häufig verbun-

---

19 Es werden in der einschlägigen Literatur die unterschiedlichsten Namen gehandelt: Raymond Boudon, James S. Coleman, Hartmut Esser, Hans J. Hummel und Karl-Dieter Opp, David McClelland, Max Weber, Reinhard Wippler und Siegwart Lindenberg. Vgl. Greshoff, Rainer: Verstehen und Erklären bei Hartmut Esser. In: Greshoff, Rainer/Kneer, Georg/Schneider, Wolfgang Ludwig (Hrsg.): Verstehen und Erklären. Sozial- und kulturwissenschaftliche Perspektiven. Wilhelm Fink Verlag, München 2008, S. 416 (im Folgenden zitiert als: Greshoff, Verstehen und Erklären bei Esser); Esser, Allgemeine Grundlagen, S. 98; Maurer, Soziale Mechanismen, S. 145 FN 4; S. 149 FN 9; Opp, Methodologie, S. 105 FN 60;

20 Vgl. etwa Esser, Allgemeine Grundlagen, S. 91ff; Esser, Hartmut: Soziologie. Spezielle Grundlagen. Band 2: Die Konstruktion der Gesellschaft. Campus Verlag, Frankfurt am Main 2000; Esser, Hartmut: Soziologische Anstöße. Campus Verlag, Frankfurt/ New York 2004 (im Folgenden zitiert als: Esser, Soziologische Anstöße).

21 Vgl., statt vieler, Mayntz, Soziale Mechanismen, S. 20; Kron, S. 171.

22 Hedström, Peter/Swedberg, Richard (Hrsg.): Social Mechanisms. An Analytical Approach to Social Theory. Cambridge University Press 1998.

23 „Konzept" wird hier verstanden in einem weiten Sinne, so wie es auch in Teilen der Literatur der Fall ist. Vgl. etwa: Schmitt, Marco: Einführung: Die Reflexivität sozialer Mechanismen. In: Schmitt, Marco/Florian, Michael/Hillebrandt, Frank (Hrsg.): Reflexive soziale Mechanismen. Von soziologischen Erklärungen zu sozionischen Modellen. VS Verlag für Sozialwisssenschaften, Wiesbaden 2006, S. 7, 9, 15, (im Folgenden zitiert als: Schmitt, Die Reflexivität); Koenig, Matthias: Soziale Mechanismen und relationale Soziologie. In: Rehberg, Karl-Siegbert (Hrsg.): Die Natur der Gesellschaft: Verhandlungen des 33. Kongresses der Deutschen Gesellschaft für Soziologie in Kassel 2006. Campus Verlag, Frankfurt am Main, S. 2897. Der Konzept-Zusatz weist damit über die reine sozialwissenschaftliche Spezifizierung des Mechanismus-Begriffs hinaus und betrachtet diesen zugleich als Ausgangspunkt für einen speziellen Erklärungs-Typus (im Sinne einer Modellierung), sowie ein darauf aufbauendes Forschungsprogramm. Andere Autoren sprechen in einem ganz ähnlichen Sinne auch vom „Mechanismus-Ansatz bzw. „mechanism based account of explanation". Vgl. Bornmann, Lutz: Die analytische Soziologie: Soziale Mechanismen, DBO-Theorie und Agentenbasierte Modelle: In: Österreichische Zeitschrift für Soziologie 35 (2010), Heft 4, S. 25; vgl. Hedström, Peter/Ylikoski, Petri: Causal Mechanisms in the Social Sciences. Annual Review of Sociology 36, 2010, S. 54. Mir erscheint es jedoch sinnvoller, die

dene Ansatz der „Analytischen Soziologie“[24] mittlerweile den Stellenwert eines ausgesprochenen Mode-Sujets innerhalb der Sozialwissenschaften. Eine Fülle von Publikationen zeugt von dessen momentaner Beliebtheit.[25]

Daneben wird immer wieder einmal der Versuch unternommen, den von Robert K. Merton bereits in den 60er Jahren angeregten Ansatz sogenannter „Theorien mittlerer Reichweite“ (TmR) mit neuen Impulsen zu versehen.[26] Eine klare methodologische Abgrenzung zu Mechanismen bzw. zum MSE ist jedoch nur mühsam möglich.[27] Und da es obendrein den Anschein hat, als bestünde der Zweck einer Rekurrierung auf Merton für die Anhänger des einen wie des anderen Erklärungstyps mitunter lediglich darin, die inspirierende Metaphorik eines zu füllenden „Wergzeugkastens“ möglichst kunstvoll zur Verdeutlichung des selbst präferierten Vorgehens heranziehen zu können[28], soll im Rahmen dieser Arbeit auf eine nähere Beschäftigung mit den TmR verzichtet werden. So bleiben soziale Mechanismen und das MSE – über den forschungspraktischen Stel-

---

„Analytische Soziologie“ als den umfassenderen, paradigmatischen „Ansatz“ zu verstehen.

24 Hedström verlieh der Bezeichnung mit seinem Buch „Dissecting the Social. On the Principles of Analytical Sociology“ einigen Nachhalt. Mittlerweile liegt die deutschsprachige Übersetzung vor: Hedström, Peter: Anatomie des Sozialen – Prinzipien der analytischen Soziologie. VS Verlag für Sozialwissenschaften, Wiesbaden 2008.

25 Man beachte beispielhaft etwa folgende Sammelbände: Schmitt, Marco/Florian, Michael/Hillebrandt, Frank (Hrsg.): Reflexive soziale Mechanismen. Von soziologischen Erklärungen zu sozionischen Modellen. VS Verlag für Sozialwissenschaften, Wiesbaden 2006; Kron, Thomas/Grund, Thomas (Hrsg.): Die Analytische Soziologie in der Diskussion. VS Verlag für Sozialwissenschaften, Wiesbaden 1. Auflage 2010.

26 Vgl. etwa Esser, Hartmut: Was könnte man (heute) unter einer „Theorie mittlerer Reichweite“ verstehen? In: Mayntz, Renate (Hrsg.): Akteure – Mechanismen – Modelle. Zur Theoriefähigkeit makro-sozialer Analysen. Campus Verlag, Frankfurt am Main/New York 2002, S. 128 ff. (im Folgenden zitiert als: Esser, TmR heute); vgl. auch Hedström, a.a.O., S. 20f.

27 Manche Autoren benutzen eine Rekurrierung auf „Mittlere Reichweite“ lediglich als Maßstab für einen Vergleich unterschiedlicher Handlungstheorien. Vgl. etwa Albert, a.a.O., S. 528ff.

28 So etwa Marco Schmitt, der „[...] unter einem soziologischen Werkzeugkasten eine Sammlung von Mechanismen und Modellen verstehen“ und neben einen soziologischen gleich noch einen sozionischen Werkzeugkasten stellen will, der dann unter anderem „Fächer für sozionisch relevante soziologische Rätsel und Angebote für ihre Lösung“ beinhalte. Vgl. Schmitt, Marco: Kommunikative Mechanismen. Reflexive soziale Mechanismen und kommunikationsorientierte Modellierung. In: Schmitt, Marco/ Florian, Michael/Hillebrandt, Frank (Hrsg.): Reflexive soziale Mechanismen. Von soziologischen Erklärungen zu sozionischen Modellen. VS Verlag für Sozialwissenschaften, Wiesbaden 2006, S. 222f. (im Folgenden zitiert als: Schmitt, Kommunikative Mechanismen). Angesichts solchen Baumarkt-Sprechs mag man geneigt sein, dem Urheber einen sinnbildlichen „Hammer“ zu reichen.

lenwert der beiden Erklärungs-Konzepte gibt es keinen Zweifel: Peter Hedström geht selbstbewusst davon aus, „dass Mechanismen-basierte Erklärungen der am besten geeignete Typ von Erklärungen für die Sozialwissenschaften sind“[29]; Esser wiederum sieht im MSE gar „eine Methodologie, wie man Soziologie zu betreiben hätte“.[30]

Es drängt sich die Frage auf, in welchem Verhältnis diese beiden Konzepte stehen!? Wo liegen Unterschiede? Welches sind spezifische Vor- und Nachteile? Kann man im Sinne forschungspraktischer Vereinfachung auf eines verzichten? Um all diese Fragen zu beantworten, wäre ein umfassender, auch empirisch fundierter Vergleich nötig, der hier aus Platzgründen scheitert. Allerdings sollen erste Impulse für eine solche Diskussion gesetzt werden. Dazu erscheint es notwendig, zunächst zu klären, ob und inwieweit beide Konzepte kongruent sind bzw. sich jeweils aus Sicht des anderen Konzepts rekonstruieren lassen. Zugespitzt und den „methodologischen Emporkömmling“ unter einen gewissen Rechtfertigungsdruck setzend, könnte man formulieren: Wird hier am Ende lediglich „Alter Wein in neuen Schläuchen“ verwendet, also ein altbekannter Inhalt in einer hübschen, neuen Verpackung? Essers MSE fungiert damit als kritische Konfrontationsinstanz für das Mechanismus-Konzept.

Der Fahrplan dieser Arbeit gliedert sich, wie folgt: In einem ersten Schritt soll das Mechanismus-Konzept vorgestellt werden, inklusive der Identifizierung wichtiger struktureller Bestandteile und unter Darstellung zentraler Modellierungsvorschläge. Im zweiten Schritt wird dem das Modell Soziologischer Erklärung gegenübergestellt, mit dem Ziel, das Mechanismus-Konzept aus Sicht des MSE zu integrieren, also dessen Bestandteile in das Vokabular des MSE zu übersetzen. Dieser Schritt wird so angelegt, dass dabei – falls nötig – kritische Überlegungen angestrengt und – falls möglich – Konkretisierungs- oder Alternativlösungen vorgestellt werden, die sich aus der Konfrontation „Soziale Mechanismen“ vs. MSE ergeben. Im abschließenden dritten Schritt gilt es, auch unter Berücksichtigung der zuvor erzielten Ergebnisse, das Fass noch einmal etwas systematischer aufzumachen: In welchem logischen Verhältnis stehen beide Erklärungs-Konzepte? Und, als Ausblick, welche Möglichkeiten und Probleme ergeben sich hinsichtlich der Durchführung eines umfassenden, „objektiv“ kriteriengestützten Methodologievergleichs Soziale Mechanismen vs. MSE?

---

29 Hedström, a.a.O., S. 12.

30 Esser, Hartmut: Soziologie. Spezielle Grundlagen. Band 6: Sinn und Kultur. Campus Verlag, Frankfurt am Main 2001, S. 536 (im Folgenden zitiert als: Esser, Spezielle Grundlagen 6).

2 Das Konzept sozialer Mechanismen: Definition, zentrale Bausteine und Modellierungsvorschläge

„Was ist eine Erklärung durch Mechanismen?“ – die von Opp provokativ aufgeworfene Frage[31] wird zum Ausgangspunkt der folgenden Überlegungen: Um das an dieser Stelle bewusst weitgesteckte Konzept abzustecken, gilt es zunächst, sich in Form einer Definition brauchbare Vorstellungen davon zu machen, was einen „Sozialen Mechanismus“ überhaupt ausmacht. Was sind wichtige Definitionsmerkmale bzw. Komponenten, gibt es so etwas wie spezifische strukturelle Eigenschaften „Sozialer Mechanismen“? Ausgehend von diesen zentralen „Bausteinen“ werden begriffliche Abgrenzungen nötig, die das so gewonnene Mechanismus-Bild nach und nach vertiefen lassen. Schließlich folgt ein Unterkapitel, in dem konkrete Vorschläge dargestellt werden, wie dieser Erklärungstyp, den Opp erfragte, methodologisch sinnvoll anzulegen wäre: Es handelt sich im Ergebnis um (Kausal)-Modelle „mechanismischer Erklärungen“.[32]

2.1 Soziale Mechanismen: Eine Begriffsbestimmung

Sieht man sich um, in der einschlägigen Literatur über soziale Mechanismen, dann fällt zunächst einmal auf, dass es anscheinend doch etliche von ihnen gibt: „Herrschafts-, Macht- und Marktmechanismen[33], konkrete Beobachtungen räumlicher Segregation in städtischen Wohnvierteln, oder das Ausbrechen und Abebben von Revolutionen[34] sind nur einige dokumentierte Beispiele. Der Mechanismus-Begriff wird jedoch nicht nur zur schlagwortartigen Bezeichnung entsprechender sozialer Phänomene benutzt, sondern auch „zur Benennung einer Klasse von Kausalaussagen, […] die sich auf solche Phänomene beziehen.“[35] Er steht damit für eine eigenständige Arbeitsweise und Erklärungsform[36], die man

31 Opp, Karl-Dieter: Erklärung durch Mechanismen: Probleme und Alternativen. In: Kesckes, Robert/Wagner, Michael/Wolf, Christof (Hrsg.): Angewandte Soziologie. VS Verlag für Sozialwissenschaften, Wiesbaden 2004, S. 361 (im Folgenden zitiert als: Opp, Erklärung durch Mechanismen).

32 Synonym gebräuchlich sind auch die Bezeichnungen „Mechanismus-Erklärungen“ – vgl. Opp, Erklärung durch Mechanismen, S. 364 – und „Mechanismen-basierte Erklärungen“ bzw. „mechanismenbasierte Theorien“ vgl. Hedström, a.a.O., S. 55.

33 Vgl. Maurer, Andrea/Schmid, Michael: Mechanismen in der erklärenden Soziologie. Zur Logik und Forschungspraxis mechanismischer Erklärungen am Beispiel des Machtmechanismus. In: Rehberg, Karl-Siegbert (Hrsg.): Die Natur der Gesellschaft: Verhandlungen des 33. Kongresses der Deutschen Gesellschaft für Soziologie in Kassel 2006. Campus Verlag, Frankfurt am Main 2008, S. 2879.

34 Vgl. Mayntz, Soziale Mechanismen, S. 223.

35 Ebenda, S. 206. Vgl. auch Hedström, a.a.O., S. 29 FN6.

36 Vgl. Maurer, Soziale Mechanismen, S. 143.

immer mitdenken sollte, wenn konkrete Phänomene entsprechend betitelt werden.

Schaut man weiter in die Literatur, fällt vor allem eines auf: Unsicherheit! Unsicherheit hinsichtlich der Formulierung einer exakten, möglichst allgemein anerkannten Definition dessen, was man unter „Sozialer Mechanismus“[37] verstehen könnte. Dem entsprechen die Einschätzungen ausgewiesener Befürworter dieses Ansatzes, selbst wenn sie die ausgesprochene Unübersichtlichkeit der Bedeutungen auch ausdrücklich bedauern[38]: Die Begriffsverwendung sei nahezu inflationär, bleibe dabei aber komplex und unklar[39], der methodologische Status sei seit langer Zeit mit wenig Beachtung gesegnet[40], die Definitionen an sich erschienen vage, außerdem stünden gleich mehrere nebeneinander[41] und die mit dem Begriff verbundenen Ansprüche seien überdies „äußerst heterogen“.[42] Kurz: Man müsse von einem „Proto Concept“, bzw. „umbrella concept“ für sehr unterschiedliche Phänomene ausgehen.[43]

Stimmen die wiedergegebenen Beobachtungen, so dürfte der Versuch, hier eine eigenständige Definition zu etablieren, die Unklarheiten nur verstärken. Anstatt also die Quadratur des Kreises anzugehen, macht es mehr Sinn, jene Definitionsmerkmale herauszufiltern, die sich so, oder ähnlich, als Teil einer Vielzahl unterschiedlicher Definitionsversuche wiederfinden (auch wenn sicher zu einigen der genannten Punkte der/die ein oder andere Kritiker/in Einspruch erhöbe): Hervorzuheben wäre hier zunächst der prozessuale Charakter, d. h. Mechanismen wird auf breiter wissenschaftlicher Front Prozessform zugeschrieben.[44]

---

37 Einem Vorschlag Peter Hedströms folgend, werden im Folgenden die Begriffe „Mechanismen“, „kausale Mechanismen“ und „soziale Mechanismen“ synonym verwendet. Vgl. Hedström, a.a.O., S. 29, FN 6.

38 Vgl. etwa Manzo, Gianluca: Analytical Sociology and its Critics. In: European Journal of Sociology, 51 (1) 2010, S. 149.

39 Vgl. Maurer, Soziale Mechanismen, S. 143.

40 Vgl. Ebenda.

41 Vgl. Hartig-Perschke, Rasco: Kommunikation, Kausalität, Struktur – Zur Entstehung sozialer Mechanismen im Modus kommunikativ vermittelter Reflexivität. In: Schmitt, Marco/Florian, Michael/Hillebrandt, Frank (Hrsg.): Reflexive soziale Mechanismen. Von soziologischen Erklärungen zu sozionischen Modellen. VS Verlag für Sozialwissenschaften, Wiesbaden 2006, S. 232.

42 Schmitt, Die Reflexivität, S. 8.

43 Vgl. Langer, Roman: Transintentionale Mechanismen sozialer Selbstorganisation. In: Schmitt, Marco/Florian, Michael/Hillebrandt, Frank (Hrsg.): Reflexive soziale Mechanismen. Von soziologischen Erklärungen zu sozionischen Modellen. VS Verlag für Sozialwissenschaften, Wiesbaden 2006, S. 67.

44 Vgl. etwa Kron, a.a.O., S. 182; Maurer, Soziale Mechanismen, S.143; Florian, Michael: Die Self-fulfilling prophecy als reflexiver Mechanismus. Überlegungen zur Reflexivität sozialer Praxis. In: Schmitt, Marco/Florian, Michael/Hillebrandt, Frank (Hrsg.): Refle-

Ferner, so das Gros der Forscher, stellen Mechanismen eine Verbindung dar zwischen einer Ursache bzw. Anfangsbedingungen und einer Wirkung[45] – wobei insbesondere das „Wie“ und „Warum“ des Zustandekommens dieser Verknüpfung erklärt werden soll.[46] Ebenso wird gefordert, dieser Prozess solle „wiederkehrend“[47], „regelmäßig“[48] bzw. „generalisierbar“[49] und „verallgemeinerbar“[50] sein. Ein weiteres Merkmal in zahlreichen Definitionsversuchen ist der Bezug auf handelnde Akteure als „Träger“ des Mechanismus.[51] Zwei weitere, mehrfach genannte Mechanismusbausteine sollen nicht unterschlagen werden: Der erste, nämlich die Forderung nach einer „Mehrebenendifferenzierung“ der Erklärung[52], hängt wiederum eng mit dem Umstand zusammen, dass sich der Mechanismus-Ansatz grundsätzlich dem Methodologischen Individualismus zurechnen lässt. Der zweite rückt die „rekursive“ bzw. „reflexive“ Dimension des Sozialen in den Vordergrund: Es gelte, einen Mechanismus-Prozess stets auch auf seine eigenen Anfangsbedingungen zurückzubeziehen, bzw. eine Rückwirkungsfunktion anzugeben.[53]

2.2 Zentrale „Bausteine“ des Mechanismus-Konzepts: Abgrenzungen

Generative Verknüpfung zwischen Ursache und Wirkung, Prozessform, handelnde Akteure als Träger und „Motor“, Mehrebenendifferenzierung, Regelmäßigkeit bzw. Verallgemeinerbarkeit und Rekursivität bzw. Reflexivität: Im Folgenden werden die zentralen Mechanismus-Bausteine näher diskutiert. Dabei kann es nicht um Abgrenzungen ad absolutum gehen – logischerweise gibt es an der ein oder anderen Stelle gewisse Überschneidungen, entstammen doch all diese Elemente den Definitionen des gleichen Gegenstandes. Insofern ergänzen sie sich gegenseitig und bauen teilweise aufeinander auf.

---

xive soziale Mechanismen. Von soziologischen Erklärungen zu sozionischen Modellen. VS Verlag für Sozialwissenschaften, Wiesbaden 2006, S. 165.

45 Vgl. Kron, a.a.O., S.189ff.; vgl. Schmitt, Kommunikative Mechanismen, S. 207.

46 Vgl. Schmitt, Kommunikative Mechanismen, S. 203, 208; Florian, S. 165.

47 Vgl. Mayntz, Soziale Mechanismen, S. 207.

48 Vgl. Greshoff/Schimank, a.a.O., S. 29.

49 Vgl. Schmitt, Kommunikative Mechanismen, S. 204.

50 Vgl. Mayntz, Zur Theoriefähigkeit, S. 25.

51 Vgl. etwa Schmid, Zur Logik, S. 41; Maurer, Soziale Mechanismen, S. 154.

52 Vgl. Florian, a.a.O., S. 165ff.; Greshoff/Schimank, a.a.O., S. 29.

53 Vgl. Maurer, Soziale Mechanismen, S. 151ff.

2.2.1 Generative Ursache-Wirkungs-Verknüpfung

Die Erklärung eines sozialen Phänomens erfordert aus Sicht des Mechanismus-Ansatzes ganz grundlegend, sich dieses als Ursache-Wirkungs-Zusammenhang vorzustellen. Im Zentrum des Interesses steht der Übergang zwischen sozialen Ursachen und sozialen Effekten.[54] Im Gegensatz zu „Black Box"-Erklärungen, die sich bereits mit der Postulierung statistischer Zusammenhänge oder reiner Korrelationen zufrieden geben[55], zielt die mechanismische Erklärung darauf ab, das Wie und Warum eines solchen Zusammenhangs zu bestimmen: „Gegeben ist stets die Frage, warum ein beobachteter ‚input' I struktureller Bedingungen mit einem beobachteten ‚output' O struktureller Folgen empirisch zusammenhängt."[56] Dazu ist die Angabe von Zwischenschritten nötig[57], die die „generative" Wirkung des Mechanismus verdeutlichen: Zu zeigen, wie ein Effekt X Schritt für Schritt aus einem Zustand A hervorgeht. Man spricht auch von einer sogenannten „Tiefenerklärung".[58]

Die generative, schrittweise Verknüpfung zwischen Ursache und Wirkung – der Mechanismus selbst – stellt eine kausale Relation zwischen sozialen Zuständen bzw. Ereignissen dar.[59] Schematisch skizziert und vereinfacht, ergibt dies eine dreigliedrige Prozessstruktur jedes Mechanismus:

Abbildung 1: Mechanismen als generative Ursache-Wirkungs-Verknüpfung[60]

Input / Ursache → Mechanismus → Output / Wirkung

Über ein „Kausalmodell" lassen sich konkrete Mechanismen förmlich darstellen – wobei bisweilen längere Kausal-Wirkungsketten, also aneinandergereihte Kausalaussagen, zu berücksichtigen sind. Als Methode, um solche komplexen Kausalstrukturen zu erfassen und „als Geflecht von Wirkungszusammenhängen dar-

---

54 Vgl. Schmitt, Kommunikative Mechanismen, S. 203.

55 Laut Opp ist es das Fehlen eines „intervenierenden Prozesses", was auf das Vorliegen einer „Black Box"-Erklärung schließen lässt. Vgl. Opp, Erklärung durch Mechanismen, S. 364.

56 Esser, TmR heute, S. 132f.

57 Vgl. Mayntz, Soziale Mechanismen, S. 208. Greshoff und Schimank sprechen auch von „typischen situativen Zwischenstadien." Vgl. Greshoff/Schimank, a.a.O., S. 29.

58 So zumindest Esser, TmR heute, S. 133.

59 Vgl. Florian, a.a.O., S. 165.

60 Vgl. ebenda, S. 165. Vgl. für entsprechende Darstellungen auch Hedström, Peter/ Swedberg, Richard: Social mechanisms: An introductory essay. In: Hedström, Peter/ Swedberg, Richard (Hrsg.): Social Mechanisms. An Analytical Approach to Social Theory. Cambridge University Press 1998, S. 9; Opp, Erklärung durch Mechanismen, S. 363.

zustellen"[61], wird aus den vorangehenden Überlegungen direkt das Verfahren der „Kausalen Rekonstruktion" abgeleitet: Ziel einer solchen Mechanismus-Analyse ist es, ausgehend von der Identifikation einer (strukturellen) Schlusssituation und einer Initialsituation, eben jene Regeln und Faktoren zu finden, „die beitragen, Gegenstandsstrukturen vom I(nput)- in den O(utput)-Zustand zu transformieren."[62] Prinzipiell können die solchermaßen aufgespürten „Komponenten" des Mechanismus in beliebigen Verknüpfungsrelationen zueinander stehen. So bemerkt Langer: „Meines Erachtens sind substantielle Eigenschaften der Komponenten eines Mechanismus oder ihrer Beziehungen zueinander überhaupt nicht vorauszusetzen. Kette, Netz, Regelsatz, Wirkungsprinzip, Wechselwirkung, Faktorenkombination, einseitige Wirkungsbeziehung, Zusammenwirken komplex oder einfach – alles ist möglich bzw. in vielen Hinsichten eine Frage der Perspektive."[63]

2.2.2 Prozessform

Wenn mit einem Mechanismus das „Wie" einer sozialen Verlaufsform erklärt werden soll, also mittels Kausalkette Anfangsbedingungen mit einem Ergebnis verknüpft werden, so drängt sich die Frage nach dem zeitlichen Bezug und der Dynamik eines solchen Ablaufes auf. Nicht zuletzt aufgrund der Forderung nach einer Identifizierung „typischer situativer Zwischenstadien"[64] bietet sich der Prozessbegriff an, um die Form eines Mechanismus zu beschreiben: „Danach lässt sich ein sozialer Mechanismus zunächst als Prozess verstehen, [...] der an der Erzeugung eines sozialen Phänomens aktiv beteiligt ist [...] und sich deshalb für die kausale Erklärung dieses Phänomens eignet."[65]

Der aus der Anwendung des Prozess-Begriffs resultierende Erkenntnisgewinn scheint jedoch begrenzt; Mayntz müht sich folgerichtig, Mechanismen lediglich als „Unterkategorie der allgemeinen Kategorie Prozesse" verstanden zu wissen[66],

---

61 Mayntz, Zur Theoriefähigkeit, S. 22.

62 Langer, a.a.O., S. 82.

63 Ebenda, S. 83. Das heißt auch: Es bleibt vor Beginn einer modellierenden Mechanismus-Rekonstruktion zunächst offen, wie „komplex" ein solcher Mechanismus anzulegen ist. Um nicht Gefahr zu laufen, durch das Einfügen immer neuer, „tiefenerklärender" Zwischenschritte eine „Black Box" durch jeweils neue Black Boxes zu ersetzen und dabei in eine Art infiniten Regress zu geraten – eine Gefahr, die Opp sieht (vgl. Opp, Erklärung durch Mechanismen, S. 365f., 377) – ist es notwendig, Kriterien bzw. Stopp-Regeln anzugeben, die festlegen, welche erklärenden Faktoren hierbei zurate gezogen werden dürfen. Vgl. Hedström, a.a.O., S. 45. Meine Einschätzung: Man wird gut daran tun, hierbei nicht bis auf die Ebene der Allgemeinen Gesetze der Physik herunterbrechen zu wollen.

64 Vgl. Greshoff/Schimank, a.a.O., S. 29.

65 Florian, a.a.O., S. 165.

66 Vgl. Mayntz, Zur Theoriefähigkeit, S. 25.

während Hartig-Perschke ihnen zwar „eigenständige Prozessform" zubilligt[67], aber lieber von „Mustern" oder „Episoden" spricht.[68] Feststellungen, es sei prinzipiell offen, wie komplex ein Mechanismus-Prozess zu sein habe, bzw. wie viele Zeitpunkte er enthalten solle[69], außerdem, dass eine kausale Rekonstruktion mitunter auf Teilprozesse zurückgreifen müsse[70], leiten sich mehr oder weniger direkt aus den weiter oben gemachten Ausführungen unter der Überschrift „Generative Ursache-Wirkungs-Verknüpfung" ab. Gleiches gilt für die Forderung nach einem angemessenen Formalismus des Mechanismus-Prozesses.[71]

2.2.3 Das Handeln von Akteuren als Träger / Mehrebenendifferenzierung

Insofern der „Methodologische Individualismus" eine – mehr oder weniger – unbestrittene Grundannahme im Bereich des sozialwissenschaftlichen Erklärungsprogramms darstellt[72], hat dies auch Implikationen für den Mechanismusansatz: „Das eindeutige Bekenntnis zum methodologischen Individualismus legt die Mechanismus-orientierten Ansätze auf eine akteurstheoretische Fundierung fest."[73] Was zunächst unspektakulär klingt, formt bei genauem Hinsehen entscheidend das Bild dessen, was unter einem „Sozialen Mechanismus" zu verstehen ist: Im Zentrum eines solchen stehen dann nämlich die Akteure, bzw. „Individuen als Kern-Entitäten und ihre Handlungen als Kern-Aktivitäten."[74] Und es ist sozusagen die „Grundidee des Mechanismusansatzes", soziale Phänomene zu erklären, indem auf eine Konstellation eben dieser Entitäten und Aktivitäten Bezug genommen wird.[75] Anders formuliert sind es handelnde Akteure, die „den Mechanismus energetisch tragen."[76]

---

67 Und zwar „[...]zwischen ‚einfachen', nicht weiter strukturierten, ‚folgenlosen' Verknüpfungen von Ereignissen und mit sich selbst über lange Zeit hinweg identisch bleibenden stabil-determinierten Strukturen." Vgl. Hartig-Perschke, a.a.O., S. 239.

68 Vgl. ebenda.

69 Vgl. Opp, Erklärung durch Mechanismen, S. 365f.

70 Vgl. Mayntz, Zur Theoriefähigkeit, S. 27.

71 Vgl. Hedström, a.a.O., S. 111f.

72 Vereinzelt finden sich kritische Stimmen, die – nicht zuletzt aufgrund vermuteter Komplexitätsbeschränkungen – vor einer strikten Orientierung am Methodischen Individualismus warnen. Vgl. etwa Schmitt, Kommunikative Mechanismen, S. 210ff; vgl. auch Mayntz, Soziale Mechanismen, S. 217. Für eine – mutmaßlich Systemtheoretisch inspirierte – Position siehe aber Hartig-Perschke, S. 237, 251. Hartig-Perschke argumentiert, „Letztbegriffe der soziologischen Analyse" müssten „Beobachtung" und „Kommunikation" sein, weshalb er für eine am Kommunikationsbegriff ausgerichtete Mechanismus-Konzeption plädiert. Vgl. ebenda, S. 251.

73 Schmitt, Kommunikative Mechanismen, S. 208.

74 Hedström, a.a.O., S. 44.

75 Vgl. ebenda, S. 12f.

76 Vgl. Kron, a.a.O., S. 172.

Wenn einerseits das Handeln individueller Akteure im Mittelpunkt der Analyse steht und andererseits damit soziale Phänomene bzw. Strukturen erklärt werden sollen, fällt es nicht schwer, sich Mechanismen als „Verbindungsglieder einer Mikro-Makro-Beziehung" vorzustellen.[77] Das schließt automatisch ein, Strukturen und institutionelle Merkmale zu identifizieren, „die das Handeln der Akteure beeinflussen".[78] Eine wichtige Frage, die es dabei zu klären gilt: „Warum haben die Akteure so gehandelt, wie sie es getan haben und nicht anders?"[79] Dazu müssen sämtliche individuelle Selektionen des Mechanismus-Prozesses – verstanden nun als Handlungsmengenkette[80] – erklärt werden. Offen bleibt an dieser Stelle, ob man die einzelnen Abschnitte des zu erklärenden Makro-Mikro-Geflechts ihrerseits wieder als „Mechanismen" betrachten sollte und ggf. welche und wie viele unterschiedliche Typen von Mechanismen hierbei zu berücksichtigen wären: Hedström und Swedberg differenzieren etwa „situational mechanisms", „action-formation mechanisms" und „transformational mechanisms"[81], während Maurer die Gesamtheit aller im Rahmen einer Mechanismus-Erklärung berücksichtigten Teil-Prozesse zusammengenommen als „einen Mechanismus" betrachtet.[82]

Egal, für welche Auffassung man sich hier entscheidet: Um das Zusammenwirken der Kern-Entitäten und -Aktivitäten adäquat zu erfassen, kommt man – soweit herrscht in der Literatur Einigkeit – nicht an der Anwendung einer Akteur- bzw. Handlungstheorie vorbei.[83] Mehrere Vorschläge kursieren in diesem Bereich[84], prinzipiell lässt es der Mechanismus-Ansatz aber weitgehend offen, auf welche Annahmen über das Akteurhandeln zurückgegriffen wird[85] – mit einer

---

77 So auch Mayntz, Soziale Mechanismen, S. 214.

78 Vgl. Mayntz, Soziale Mechanismen, S. 219.

79 Kron, a.a.O., S. 172.

80 Vgl. ebenda, S. 189f: Laut Kron kann ein Mechanismus, der von Ursache zu Wirkung führt, über eine Handlungsmengenkette [H1, H2, H3, H4…Hn…] definiert werden.

81 Vgl. Hedström/Swedberg, a.a.O., S. 22.

82 Vgl. Maurer, Soziale Mechanismen, S. 146, 153, 159.

83 Vgl. Mayntz, Soziale Mechanismen, S. 216, Hedström, a.a.O., S. 16.

84 Z.B. rationalistische oder intentionalistische Entscheidungs-Theorien. Vgl. Schmid, Ist die Soziologie, S. 134. Ein weiterer Vorschlag kommt von Hedström, der im Rahmen seiner DBO-Theorie auf Bedürfnisse (Desires), Überzeugungen (Beliefs) und Opportunitäten (Opportunities) abstellt. Vgl. Hedström, a.a.O., S. 59ff. In den letzten Jahren wurde von Esser und Kroneberg eine Theorie der Frame-Selektion (FST) entwickelt und propagiert, die neben dem nutzenmaximierenden Kalkül auch alternative, Max Webersche Idealtypen des Handelns aufgreift und in die Modellierung miteinbezieht. Vgl. Esser, Hartmut: Affektuelles Handeln: Emotionen und das Modell der Frame-Selektion. In: Schützeichel, Rainer (Hrsg.): Emotionen und Sozialtheorie. Disziplinäre Ansätze. Campus Verlag, Frankfurt/Mainz/New York 2006, S. 143–174.

85 Vgl. Mayntz, Soziale Mechanismen, S. 216. Damit wird auch klar, dass es sich um eine unzureichende Fehleinschätzung handelt, wenn Jäger und Weinzierl meinen, der

Ausnahme: Die Annahmen sollten so ausgelegt sein, dass auch Bezüge zum Handeln anderer Personen hergestellt werden können, ja mehr noch: „Um soziale Folgen zu erklären, dürfen wir uns nicht nur auf die Eigenschaften der Akteure konzentrieren, sondern auch auf die Art und Weise, wie Akteure interagieren und sich wechselseitig beeinflussen."[86] Angesichts der schieren Komplexität schon alltäglichster Interaktionssituationen sicherlich keine leichte Aufgabe. Hauptdilemma: Komplexe Akteurmodelle bieten mehr „Andockstellen", um das Zusammenspiel der Akteure besser zu erfassen, sie sorgen aber für einen sehr hohen bis unkalkulierbaren Rechenaufwand. Einfache Akteurmodelle hingegen lassen unter Umständen erst gar keine angemessene Mehr-Akteur-Modellierung zu![87]

2.2.4 Regelmäßigkeit des strukturellen Auftretens / Generalisierbarkeit

Ein weiterer entscheidender Definitionsbaustein des Mechanismus-Konzepts ist die Regelmäßigkeit seines strukturellen Auftretens, bzw. Verallgemeinerbarkeit seines modellierten Ablaufs. Im Gegensatz zu konkreten, empirisch als Einzelfall auftretenden Prozessen, sei ein Mechanismus stets über den Einzelfall hinausgehend.[88] Seine grundlegende Kausalstruktur „kann auch in anderen Fällen wiedergefunden werden."[89] Er ist somit hinreichend generalisierbar, „um auch in anderen Fällen als Modell einsetzbar zu sein."[90] Bezogen auf die handelnden Akteure als Träger besteht die Anforderung darin, dass sich deren Handlungen bzw. Kommunikationen immer wieder auf ähnliche Weise aneinander anschließen[91] müssen und dadurch verursacht immer wieder ähnliche Folgen – soziale Phänomene – mit Regelmäßigkeit hervorbringen.

Eine solche Sichtweise unterstellt, „dass v. konkreten historischen Prozessen verallgemeinerbare Eigenschaften abstrahiert werden können."[92] Mehr noch: Das Aufspüren solcher Generalisierungen ist sogar das Ziel der kausalen Rekonstruktion.[93] Darauf aufbauend sollen dann „Musterlösungen für formal ähnliche

---

methodologische Individualismus sei gleichzusetzen mit dem Rational-Choice-Ansatz. Vgl. Jäger, Wieland/Weinzierl, Ulrike: Moderne soziologische Theorien und sozialer Wandel, Wiesbaden 2. Auflage 2011, S. 106.

86 Hedström, a.a.O., S. 126.

87 Dennoch erscheint es schon aufgrund der empirischen Vielfalt sozialer Phänomene, die in ihrem Kern auf Interaktionsprozesse zurückgehen, geboten, hier genauer hinzusehen und weiter zu forschen.

88 Vgl. Mayntz, Zur Theoriefähigkeit, S. 25; vgl. Esser, TmR heute, S. 132.

89 Vgl. Mayntz, Soziale Mechanismen, S. 222.

90 Schmitt, Kommunikative Mechanismen, S. 204.

91 Vgl. Hartig-Perschke, a.a.O., S. 230.

92 Mayntz, Soziale Mechanismen, S. 207.

93 Vgl. Dies., Zur Theoriefähigkeit, S. 216.

Konstellationen, die auf ganz unterschiedliche inhaltliche Problemfelder angewandt werden können"[94], entwickelt werden. Dass jedoch zwischen der prinzipiellen historischen Einmaligkeit der soziologischen Explananda und den Bemühungen um generalisierende Konzepte und allgemeine Erklärungen eine gewisse „Spannung" besteht[95], ist sicher nicht von der Hand zu weisen.[96] So schließt sich an dieser Stelle umgehend eine Diskussion um die Frage(n) an, wie allgemein und generalisierbar Mechanismus-Aussagen – im Kanon anderer wissenschaftlicher Aussagen – denn nun tatsächlich sein sollten, bzw. welcher methodologische Handwerksgriff notwendig ist, um vom mechanismischen Einzelfall zu verallgemeinerbaren Aussagen zu kommen.

Bezüglich des methodologischen Stellenwerts findet sich in der Literatur Nebulöses bis Widersprüchliches: Mechanismen seien „weniger als allgemeine Gesetze, aber mehr als Beschreibungen"[97], der Generalisierungsgrad scheine bei Mechanismen in Abgrenzung zu Gesetzen geringer, heißt es etwa bei Kron und Lasarczyck.[98] Dem widerspricht Mayntz, wenn sie feststellt, der Unterschied bestünde eben nicht darin, dass Aussagen über Mechanismen weniger allgemein seien als die Aussagen in nomologisch-deduktiven Erklärungen.[99] Vielmehr stellten Gesetze lediglich Aussagen über Ko-Variationen dar, während Mechanismen sich auf Prozesse bezögen.[100] Selbst, wenn man letzterer Aussage zustimmte: Eine darauf basierende Abschottung gegenüber sozialwissenschaftlichen Gesetzen[101], eine Hochstilisierung des „Mechanismus" zum modernen Gegenbegriff, machte wenig Sinn! Denn, wie Opp zu Recht bemerkt: „Wie sollte man ohne ein Gesetz [...] Informationen darüber erhalten, welche realen Sachverhalte Bedin-

---

94 Esser, Spezielle Grundlagen 2. Esser spricht auch von „Strukturmodellen" bzw. „Strukturtheorien". Denkbar wäre laut Esser die Entwicklung einer Strukturtheorie von Revolutionen oder der Entstehung von Institutionen. Vgl. ebenda, S. 415ff.

95 Vgl. Esser, TmR heute, S. 128.

96 So auch Kaven, der befürchtet, man könne unter Annahme der Generalisierbarkeit de facto keine sozialen Mechanismen mehr identifizieren, da man zum Zeitpunkt der Identifizierung noch gar nicht wissen könne, ob und wann der Mechanismus später noch einmal wiederholt auftrete. Vgl. Kaven, Carsten: Soziale Mechanismen im akteurzentrierten Institutionalismus – eine Kritik. Discussion Paper. Zentrum für Ökonomische und Soziologische Studien, Universität Hamburg 2010, S. 14f.

97 Kron/Lasarczyck, a.a.O., S. 113.

98 Vgl. ebenda, S. 116.

99 Vgl. Mayntz, Soziale Mechanismen, S. 207.

100 Vgl. ebenda. Vgl. ebenso: Langer, a.a.O., S. 75f.

101 Verstanden im Sinne einer „empirischen Aussage, die 1. ohne raum-zeitlichen Bezug ist, in der 2. allen Elementen (mindestens) einer endlichen Menge von Objekten (mindestens) ein Merkmal zugeschrieben wird, die 3. als Wenn-dann- oder Je-desto-Aussage formuliert werden kann und die 4. sich empirisch relativ gut bewährt hat." Opp, Methodologie, S. 41.

gungen für ein zu erklärendes Phänomen sind?"[102] Es entstünde ein „Unvollständigkeitsproblem".[103]

Der „Trick" kann also nur darin bestehen, „Mechanismen" und „Gesetze" nicht als gegensätzlich zu betrachten, sondern als etwas, das Hand in Hand geht![104] Der Mechanismus enthält dann, um allgemein erklären zu können, Bezug auf ein allgemeines Gesetz. Dessen inhaltliches Aussagenspektrum bleibt freilich eng begrenzt und gut überschaubar: Laut Esser sind für die Formulierung eines generativen Mechanismus beispielsweise lediglich Gesetze über die sozialpsychologischen Vorgänge der handlungstragenden Akteure notwendig.[105] Statt von einem „Gesetz" könnte man hier auch einfach von einer „Handlungstheorie" sprechen, so wie sie weiter oben unter dem Aspekt „Mehrebenendifferenzierung" bereits eingeführt wurde und die dann erlaubte, „[...] die feststehenden, wenn auch situationsabhängigen und insoweit variablen Reaktionsfähigkeiten der Akteure zu berücksichtigen."[106] Vergleichbar und damit potenziell generalisierbar werden Modell-Erklärungen der Mechanismen dann durch eben diese möglichst konstante nomologische Grundlage.[107]

Zusammengefasst lässt sich festhalten: Soziale Mechanismen treten ihrer Struktur nach regelmäßig auf, sie sind in ihrem Ablauf verallgemeinerbar und können prinzipiell auf unterschiedlichste Problemfelder angewandt werden – vorausgesetzt, die Ausgangsbedingungen stimmen. Sozialwissenschaftliche Gesetze wiederum sind nicht als Gegensatz zu Mechanismen aufzufassen, sondern stellen einen wichtigen Bestandteil von ebendiesen dar: Sie sind die Brücke, über die der Mechanismus verallgemeinerbar wird.

---

102 Ebenda, S. 55.

103 Vgl. Ebenda.

104 So sieht das auch Kroneberg, der davon ausgeht, dass man „gerade durch die Anwendung des H-O-Schemas zu einem tieferen Verständnis der Logik mechanismischer Erklärungen und darüber auch zu besser begründeten Kriterien für gültige soziologische Erklärungen gelangen kann." Kroneberg, Clemens: Methodologie statt Ontologie. Das Makro-Mikro-Makro-Modell als einheitlicher Bezugsrahmen der akteurstheoretischen Soziologie. In: Greve, Jens/Schnabel, Annette/Schützeichel, Rainer (Hrsg.): Das Mikro-Makro-Modell der soziologischen Erklärung. Zur Ontologie, Methodologie und Metatheorie eines Forschungsprogramms. VS Verlag für Sozialwissenschaften, Wiesbaden, 1. Auflage 2008, S. 232.

105 Vgl. Esser, TmR heute, S. 148.

106 Schmid, Michael: Die Logik mechanismischer Erklärungen: VS Verlag für Sozialwissenschaften, Wiesbaden 2006, S. 134. Im Folgenden zitiert als: Schmid, Die Logik.

107 Vgl. ebenda.

2.2.5 Reflexivität / Rekursivität

Noch relativ neu ist die Forderung, die Diskussion um soziale Mechanismen zu erweitern „um die rekursive und reflexive Dimension des Sozialen."[108] Es geht hierbei um den mechanismengestützten Rückbezug einer sozialen Struktur auf sich selbst (Reflexivität)[109], und es stellt sich die Frage, „wie und warum ein sozialer Prozess sich selbst verstärkend (oder hemmend) reflexiv auf seinen eigenen Ablauf einwirken kann."[110] Reflexivität als Mechanismus-Kriterium ist dann gegeben, wenn der Mechanismus-Prozess sich auf sich selbst zurückbezieht und dabei auf seinen Ablauf einwirkt. Es entsteht eine zirkuläre Kopplung von Ursache und Wirkung. Im Zuge einer kausalen Rekonstruktion setzt dies zunächst die Angabe einer Rückwirkungsfunktion auf die Anfangssituation voraus.[111] Geht man davon aus, dass sich eine solche prinzipiell finden lässt, dann gilt Maurers verblüffende Folgerung: „Soziale Mechanismen wären damit immer reflexiv [...]."[112]

Heruntergebrochen auf die interaktiv handelnden Akteure als Träger eines Mechanismus bedeutet Reflexivität zunächst, „dass die beteiligten Akteure sich in ihren Entscheidungen an den Handlungen anderer orientieren und deren Verhaltensweisen als ein Signal [...] werten."[113] Letztlich beeinflusst die dabei gewonnene Wahrnehmung wiederum die subjektive Bereitschaft der Akteure für sich anschließende Folgeentscheidungen bzw. Folgehandlungen. Man kann also sagen, dass sich die entstehenden Aggregationseffekte beim Übergang von Mikro zu Makro vermittelt über rekursive Wirkungen auf den (weiteren) Mechanismus-Verlauf reflexiv auswirken.[114] Entscheidend ist an dieser Stelle die explizite Angabe einer Rückschleife zur Anfangssituation; d. h. aus dem vorangegangen wechselseitigen Handeln werden typische Änderungen in den relevanten Situationsfaktoren abgeleitet, die wiederum typische, neue Handlungsanreize entstehen lassen und so den Ablauf in Gang halten.[115]

---

108 Schmitt, Die Reflexivität, S. 24.

109 Vgl. Langer, a.a.O., S. 72. Die beiden Begriffe „Reflexivität" und „Rekursivität" werden hier nicht getrennt behandelt, obschon eine Abgrenzung im Sinne von „Selbstbezogenheit" gegenüber „Rückwirkung" möglich wäre. Beide Begriffe werden jedoch oft synonym verwendet, bzw. treten paarweise auf: Der Mechanismus ist dann reflexiv und rekursiv zugleich, indem er auf sich selbst zurückwirkt.

110 Florian, a.a.O., S. 172.

111 Vgl. Maurer, Soziale Mechanismen, S. 151; 160.

112 Ebenda, S. 153 FN 14.

113 Florian, a.a.O., S. 191.

114 Vgl. Schmid, Zur Logik, S. 45.

115 Vgl. Maurer, Soziale Mechanismen, S. 153.

2.3 Mechanismische Erklärungen: Modellierungsvorschläge

Bislang ging es – relativ abstrakt – um die Frage, welche zentralen Bausteine den Begriff „Sozialer Mechanismus“ ausmachen und in welchem Verhältnis diese stehen. Zum Mechanismus-Konzept innerhalb der Sozialwissenschaften gehört aber, wie bereits erwähnt, noch mehr: Vor allem ein spezifischer Erklärungstyp – den Vertreter der Analytischen Soziologie dezidiert in Abgrenzung zu anderen Erklärungstypen, wie etwa „statistischen“ oder „deduktiv-nomologischen“ Erklärungen, verstanden wissen wollen[116]: Gemeint sind sogenannte „Mechanismen-basierte Erklärungen“[117], oder auch „mechanismische Erklärungen“.[118] Zwar steht eine Auseinandersetzung um deren Stellenwert für die sozialwissenschaftliche Forschungspraxis noch aus[119], auch kann von einer abschließenden Klärung der Frage, wie sie zu konzeptualisieren seien, längst nicht die Rede sein.[120] Der Grundgedanke hinter einer mechanismischen Erklärung jedoch klingt relativ einfach: "At its core, it implies that proper explanations should detail the cogs and wheels of the causal process through which the outcome to be explained was brought out."[121] Und dieses Hervorbringen führt stets "über die Dynamik des handelnden Zusammenwirkens der Akteure und damit über die Handlungsentscheidungen der Akteure."[122] Insofern ein „Sozialer Mechanismus“ immer auch generalisierbares „Modell“[123] sein will – verstanden als „typisierende Vereinfachung“[124], z.B. in Form eines Kausaldiagramms – sollte die Modellie-

116 Vgl. Hedström, a.a.O., S. 28ff.

117 Ebenda, S. 55.

118 Schmid, Die Logik, S. 25ff.

119 Vgl. Maurer/Schmid, a.a.O., S. 2879f.

120 Vgl. Koenig, a.a.O., S. 2996.

121 Hedström/Ylikoski, a.a.O., S. 50.

122 Kron/Lazarczyck, a.a.O.

123 Der Modell-Begriff ist nicht immer ganz eindeutig. Während Esser auf ein „[…] deutlich stilisiertes und stark vereinfachtes Muster, das einen bestimmten Typ von Zusammenhängen und Mechanismen für ‚typische' Fälle ganzer Klassen von Situationen oder Prozessen angibt“, abstellt (vgl. Esser, Allgemeine Grundlagen, S. 119), sieht Opp einerseits Kausalmodelle als „komplexe Theorien, die aus mehreren Variablen und Beziehungen zwischen diesen bestehen[..]“ verstanden, andererseits bezeichnet er selbst als „Modell“ „[…] eine Theorie oder auch einfach einen Variablenzusammenhang, den man in Form eines Kausaldiagramms darstellen kann.“ (Opp, Methodologie, S. 45).

124 So auch Esser/Troitzsch: Einleitung: Probleme der Modellierung sozialer Prozesse. In: Esser, Hartmut/Troitzsch, Klaus G. (Hrsg.): Die Modellierung sozialer Prozesse. Neuere Ansätze und Überlegungen zur Theoriebildung. Ausgewählte Beiträge von Tagungen der Arbeitsgruppe „Modellierung sozialer Prozesse“ der Deutschen Gesellschaft für Soziologie (1986–1989), Bonn (Informationszentrum Sozialwissenschaften) 1991, S. 21.

rung einer mechanismischen Erklärung alle Zwischenschritte und Ebenenwechsel plausibel rekonstruierend zu einem Erklärungsargument verknüpfen können.

In der Literatur finden sich zahlreiche Autoren, die regelmäßig zu den Gründervätern des Mechanismus-Konzepts gezählt werden und zum Teil bereits sehr detaillierte Mechanismusrekonstruktionen durchgeführt haben bzw. eigenständige Erklärungsmodelle vorlegten – etwa Raymond Boudon, Jon Elster, James S. Coleman, Renate Mayntz[125] – gleichwohl würde eine detaillierte Darstellung all ihrer Vorschläge den vorliegenden Rahmen deutlich sprengen. Stattdessen sollen im Folgenden lediglich zwei Modellierungsvorschläge beispielhaft vorgestellt werden: Zum einen, aufgrund seines augenscheinlichen Stellenwertes innerhalb der Analytischen Soziologie und für die Mechanismusdiskussion insgesamt, der von Peter Hedström. Zum anderen, weil er – insbesondere in der deutschsprachigen Literatur – mit mittlerweile zahlreichen Beiträgen ein durchaus griffiges Bild davon entwerfen konnte, wie ein integratives, mechanismisches Erklärungsprogramm anzulegen wäre[126], der von Michael Schmid.

2.3.1 Modellierungsvorschlag 1: Peter Hedström

Entsprechend seiner Vorstellung von soziologischer Theorie – verstanden als mechanismenbasierter, erklärender Theorie „mittlerer Reichweite"[127] – differenziert Hedström zunächst ganz basal zwischen drei Komponenten, die eine solche Theorie stets beinhalten müsse: 1. Eine individuelle Handlungskomponente. 2. Eine Komponente, die die Interaktionsstruktur beschreibt. 3. Eine Komponente, die Mikrohandlungen auf Makroergebnisse bezieht.[128] Man darf getrost davon ausgehen, dass Hedström eine entsprechende Berücksichtigung dieser Komponenten auch für die Modellierung einer mechanismischen Erklärung voraussetzt. Zugleich machen Hedström und seine Co-Autoren einen konkreten Ablauf-Vorschlag, über welche Schritte das gesamte Mikro-Makro-Prozessgeschehen kleinteilig zu zerlegen und dann als sozialer (Gesamt-) Mechanismus zu modellieren wäre: Über „situational mechanisms" von Makro zu Mikro, „action-formation mechanisms" von Mikro zu Mikro und schließlich „transformational mechanisms" von Mikro zu Makro.[129]

Schritt 1, die Identifizierung der situativen Mechanismen, erklärt, wie „[…] social structures constrain individuals' action and cultural environments shape their

125 Vgl. etwa Hedström/Swedberg, a.a.O., S. 7; Hedström, a.a.O., S. 17ff., 42, 199; Hedström/Ylikoski, a.a.O., S. 55ff.; Schmid, Die Logik, S. 31.

126 Vgl. etwa Schmid, Die Logik; Ders., Zur Logik.

127 Vgl. Hedström, a.a.O., S. 41, 52, 199.

128 Vgl. ebenda, S. 57.

129 Vgl. Hedström/Swedberg, a.a.O., S. 22f.; Hedström/Ylikoski, a.a.O., S. 59; Bornmann, a.a.O., S. 32.

desires and beliefs."[130] Schritt 2, die Beschreibung der handlungsbildenden Mechanismen, spezifiziert eine bestimmte Kombination aus diesen individuellen Bedürfnissen (desires), Überzeugungen (beliefs) und zusätzlich Handlungsmöglichkeiten (opportunities) – und muss dann zeigen, wie sich daraus eine spezifische individuelle Handlung generiert.[131] Und Schritt 3 schließlich, die Spezifizierung der Transformationsmechanismen, gibt an, wie das interaktionale Handeln mehrerer Akteure in ein kollektives Ergebnis überführt wird.[132] Wenn Hedström und Swedberg an dieser Stelle explizit auf den interaktionalen Gesichtspunkt des Handelns hinweisen und außerdem hinzufügen, dass der spezifische Transformationsmechanismus „[...] differs depending on the nature of the interaction"[133], dann ist dies so zu interpretieren, dass der Transformation zu den kollektiven Handlungseffekten immer noch ein zusätzlicher Analyse(teil)schritt vorgeschaltet werden sollte: Dieser entspricht dann der oben bereits erwähnten Theorie-Komponente, die die Interaktionsstruktur beschreibt.[134]

Dass Hedström damit dem Interaktionsgeschehen (zumindest implizit) einen ganz gewichtigen, eigenständigen Erklärungs- und Modellierungsschritt innerhalb seines Modells beimisst, kann leicht übersehen werden.[135] Die entsprechenden Textstellen sind jedoch eindeutig: Soziale Folgen hingen „zu einem hohen Grade davon ab, wie die individuellen Teile wechselwirken"[136], ja mehr noch, die so definierte Interaktionsstruktur beeinflusse „[...] wahrscheinlich auf eigene Weise die erzeugten sozialen Folgen"[137] und schließlich: „Die soziale Interaktionsstruktur ist von bemerkenswerter explanatorischer Relevanz für die emergierenden sozialen Folgen".[138]

---

130 Hedström/Ylikoski, a.a.O., S. 59.

131 Vgl. Hedström/Swedberg, a.a.O., S. 21f., 23; Hedström/Ylikoski, a.a.O., S. 59.

132 Vgl. Hedström/Swedberg, a.a.O., S. 23.

133 Ebenda, S. 23.

134 Man mag diskutieren, ob entsprechend auch auf der anderen Seite des Makro-Mikro-Übergangs, im Rahmen der situativen Mechanismen, solche Interaktionsstrukturen – als zusätzliche Zwischenebene des Erklärungsmodells – einzuziehen wären. So legt dies etwa Bornmann nahe, wenn er schreibt: „[...] ist jedes Individuum in ein komplexes soziales Netzwerk eingebunden, durch das die Einstellungen, das Verhalten und das Handeln eines Individuums maßgeblich beeinflusst werden." Bornmann, a.a.O., S. 33.

135 Vor allem, wenn man sich dazu verleiten lässt, in den aufgezeigten drei Erklärungsschritten bzw. Teil-Mechanismen allzu eindimensional ein Beschreiten der Colemanschen Badewanne zu erblicken. Dies wird griffigerweise auch so von den Autoren nahegelegt: Vgl. Hedström/Swedberg, a.a.O., S. 22 Abb. 1.1; Hedström/Ylikoski, a.a.O., S. 59, Abb. 1.

136 Hedström, a.a.O., S. 111.

137 Ebenda, S. 44.

138 Ebenda, S. 142.

Unterstrichen wird diese Auffassung zusätzlich durch eine weitere Unterscheidung, die Hedström in seiner „Anatomie des Sozialen" einführt: Er differenziert nun zwischen „elementaren Intra-Akteur-Mechanismen" (die sich auf unmittelbare Handlungsursachen konzentrieren) und „molekularen und Inter-Akteur-Mechanismen" (die sich auf die soziale Interaktionsstruktur konzentrieren)[139] und sieht diese beiden Mechanismustypen in einem hierarchischen Verhältnis: Die elementaren Mechanismen seien in die molekularen Mechanismen „eingebettet"[140], solche auf einem höheren Level müssten entsprechend durch solche auf einem niedrigerem Level erklärt werden.[141] Dies spricht dafür, im Erklärungsmodell die ursprüngliche Mikro-Makro-Unterscheidung um eine weitere Meso-Ebene für die Interaktionsbeziehungen zu erweitern.

Eine zentrale Rolle, gleichsam als Bindeglied und „Schmiermittel" zwischen den unterschiedlichen Teil-Mechanismen bzw. Erklärungskomponenten, spielen in Hedströms Modellierung die **D**esires (Bedürfnisse), **B**eliefs (Überzeugungen), und **O**pportunities (Handlungs-Opportunitäten bzw. -Möglichkeiten).[142] Diese drei (sozial-psychologischen) Einflussgrößen betrachtet Hedström als Ursachen der Handlung eines Akteurs und dieser damit direkt vorgeschaltet. Er benutzt die „**DBO**s" zur flexiblen Modellierung unterschiedlicher Handlungstheorien[143] und Interaktionsbeziehungen[144], sie bilden also den zugrundeliegenden Code, über den einzelne Teil-Mechanismen des Makro-Meso-Mikro-Meso-Makro-Prozessverlaufs miteinander verknüpft bzw. ineinander übersetzt werden können.

Im Gegensatz zur Rational Choice-Theorie verwendet Hedström allerdings keine fixe Nutzenmaximierungs-Regel.[145] Er lässt prinzipiell offen, auf welchem Wege die Handlungsentscheidung erfolgt[146], auch lässt er unterschiedlichste Beeinflus

139 Vgl. Hedström, a.a.O., S. 44, 200. Der Unterschied zwischen beiden Mechanismustypen lässt sich laut Hedström auch an den unterschiedlichen Kernentitäten festmachen: Während elementare Mechanismen konstituiert werden durch Überzeugungen, Bedürfnisse und Opportunitäten (Möglichkeiten) des Akteurs, sehen sich molekulare Mechanismen immer konstituiert durch handelnde Akteure. Vgl. ebenda, S. 45.

140 Ebenda, S. 44.

141 Vgl. Hedström/Ylikoski, a.a.O., S. 52.

142 Vgl. Hedström, a.a.O., S. 60f.; Bornmann, a.a.O., S. 32.

143 Vgl. Hedström, a.a.O., S. 89. Hedström spricht auch von „Handlungsmechanismen".

144 Etwa Formen „wunschgesteuerter Interaktion", „überzeugungsgesteuerter Interaktion" und „möglichkeitsgesteuerter Interaktion", wobei das Verhalten bzw. Handeln eines Akteurs immer über eine Beeinflussung der jeweiligen Wünsche, Überzeugungen und/oder Möglichkeiten des Gegenübers dessen Handeln verändert. Vgl. Bornmann, S. 33.

145 Vgl. Manzo, a.a.O., S. 155.

146 Vgl. Hedström/Ylikoski, a.a.O., S. 60.

sungskombinationen zwischen den „DBOs" zu[147], deren Werte – z.B. über statistische Analysen – im Rahmen der Modellierung immer erst empirisch „kalibriert" werden müssen.[148] Andreas Diekmann sieht in den D, B und O ein „heuristisch stimulierendes Konzept"[149], die Vorstufe einer Handlungstheorie.[150] Der Vorteil dieser bewusst „offenen" Konzeption besteht in ihrer Einfachheit und größtmöglicher Flexibilität, beliebige Handlungstheorien bzw. Annahmen über die DBOs und deren Verhältnis sehr leicht „importieren" zu können[151] oder gleich experimentell im Modell zu variieren, ein Nachteil liegt in der daraus entspringenden Unbestimmtheit.[152]

Hedström setzt darauf, für die Modellierung des letzten Mechanismus-Erklärungsschrittes, die Transformationsmechanismen, sog. „ECA-Modelle" zu verwenden – „empirisch kalibrierte, agentenbasierte Modelle".[153] Es handelt sich um multiagentenbasierte Computersimulationen[154], die unter gegebenen Annahmen

---

147 Vgl. Manzo, a.a.O., S. 154f.

148 Vgl. etwa Bornmann, a.a.O., S. 27, 41.

149 Diekmann, Andreas: Analytische Soziologie und Rational Choice. In: Kron, Thomas/ Grund, Thomas (Hrsg.): Die Analytische Soziologie in der Diskussion. VS Verlag für Sozialwissenschaften, Wiesbaden, 1. Auflage 2010, S. 194.

150 Diekmann weist darauf hin, dass die DBO streng genommen nicht falsifizierbar seien. Gleichwohl zeigt er auf, wie man das DBO-Konzept (leicht) zu einer vollständigen Handlungstheorie – im Sinne einer weiten Variante des Rational-Choice-Ansatzes – erweitern ließe. Dazu bedürfe es lediglich der Angabe von Mess- und Brückenhypothesen, damit einer Endogenisierung von D, B und O, sowie der Angabe einer Entscheidungsregel. Vgl. ebenda, S. 195ff.

151 Hedström selbst formuliert Anforderungen an eine gute Handlungstheorie: Sie solle 1. „psychologisch und soziologisch plausibel sein", 2. „so einfach wie möglich sein" und 3. „Handlung in sinnvollen aussagekräftigen Formeln erklären." Hedström, a.a.O., S. 56.

152 Kritik hagelt es für diese Unbestimmtheit von allen Seiten. Sie soll an dieser Stelle nur angedeutet werden. Vgl. etwa Schmid, Die Logik, S. 104f.; Greshoff, Rainer: Wie aussage- und erklärungskräftig sind die sozialtheoretischen Konzepte Peter Hedströms? In: Kron, Thomas/Grund, Thomas (Hrsg.): Die Analytische Soziologie in der Diskussion. VS Verlag für Sozialwissenschaften, Wiesbaden 10. Auflage 2010, S. 77ff., 83ff., (im Folgenden zitiert als: Greshoff, Sozialtheoretische Konzepte Hedströms); Maurer, Andrea: Die Analytische Soziologie Peter Hedströms und die Tradition der rationalen Sozialtheorie. In: Kron, Thomas/Grund, Thomas (Hrsg.): Die Analytische Soziologie in der Diskussion. VS Verlag für Sozialwissenschaften, Wiesbaden, 1. Auflage 2010, S. 173f., 179ff., (im Folgenden zitiert als: Maurer, Die Analytische Soziologie).

153 Vgl. Hedström, a.a.O., S. 162 (FN 1). „ECA" steht im englischsprachigen Original für „Empirically Calibrated Agent-Based". Der Übersetzer, Thomas Kron, hat die Bezeichnung entsprechend als „ECA-Modell" übernommen. Bornmann spricht synonym von „AB-Modellen", Vgl. Bornmann, S. 35.

154 Vgl. Kron/Lasarczyck, a.a.O., S. 119.

über die Handlungen und Interaktionen der Akteure (implementiert über zuvor empirisch erhobenen DBOs) Vorhersagen über aggregierte, soziale Folgen treffen.[155] Genauer gesagt erlaubt die agentenbasierte Modellierung, Handlungslogiken und Interaktionsstrukturen nahezu beliebig zu variieren und entsprechend experimentell am Rechner nachzuvollziehen, wie sich jeweils der kollektive Output ändert.[156] Die ECA-Modelle umreißen somit eine Art „Möglichkeitsspielwiese“ für Was-wäre-wenn-Erklärungen, und Hedström/Ylikoski propagieren dezidiert ein Modellierungsprozedere, dass darauf hinausläuft, simulierte ECA-Modell-Outcomes mit den empirisch erhobenen Daten zu Explananda-Phänomenen zu vergleichen und schrittweise die Hypothesen über zugrundeliegende Handlungs- und Interaktionsprozesse anzupassen, bis simulierte und empirisch erhobene Ergebnisse übereinstimmen.[157] Es deutet sich an, dass die Kehrseite eines solchen Vorgehens darin bestehen dürfte, dass die Handlungsannahmen auf der Mikro-Ebene und die Annahmen für die Entstehung der Interaktions-Meso-Ebene buchstäblich wachsweich formuliert sind.

2.3.2 Modellierungsvorschlag 2: Michael Schmid

Um nachvollziehen zu können, welche Konzeption Michael Schmids Vorschlag zur Modellierung mechanismischer Erklärungen zugrundeliegt, ist es wichtig, sich zunächst klarzumachen, in welcher Weise der Autor die vordringlichen überindividuellen Erklärungsgegenstände differenziert: Er unterscheidet einerseits zwischen „Abstimmungsmechanismen“[158] (auch: „Interdependenzmechanis-

---

155 Vgl. Hedström, a.a.O., S. 158; Bornmann, a.a.O., S. 35.

156 Beispiele für solche Simulationsbasierten Mechanismus-Erklärungen sind etwa ein ECA-Modell zu sozialen Interaktionen und Jugendarbeitslosigkeit in und um Stockholm in den 90er Jahren (vgl. Hedström, a.a.O., S. 182), ein ECA-Modell der Arbeitslosigkeit (vgl. ebenda, S. 188ff.), oder ein ECA-Modell zu geschlechtlichen, romantischen Netzwerkstrukturen von Schülern einer Highschool im Mittleren Westen der USA. Vgl. Bearman, Peter/Moody, James/Stovel, Katherine: Chains of Affection: The Structure of Adolescent Romantic and Sexual Networks. In: American Journal of Sociology, Nr. 110, 2004, S. 44–91.

157 Vgl. Hedström/Ylikoski, a.a.O., S. 62f. Die Autoren umreißen das Grundprozedere ihres ECA-basierten Modellierungsvorschlages: „1. Start with a clearly delineated social fact that is to be explained. 2. Formulate different hypotheses about relevant micro-level mechanisms. 3. Translate the theoretical hypotheses into computational models. 4. Simulate the models to derive the type of social facts that each micro-level mechanisms brings about. 5. Compare the social facts generated by each model with the actually observed outcomes.” Hedström/Ylikoski, S. 63. Es geht den Autoren offenbar nicht darum, empirische Fakten zu erklären, „but to provide a general understanding of how things could work“. Ebenda, S. 62.

158 Schmid, Michael: Soziale Mechanismen und Soziologische Erklärungen. In: Aretz, Hans-Jürgen/Lahusen, Christian (Hrsg.): Die Ordnung der Gesellschaft. Festschrift zum 60. Geburtstag von Richard Münch. Peter Lang Verlag, Frankfurt am Main, 2005,

men“[159] oder „Mechanismen der Verhaltensabstimmung“[160]), die wechselwirksame Handlungen einzelner Akteure verknüpfen und andererseits „Verteilungsstrukturen“[161] (als aus diesem verknüpften Handeln resultierende Struktur- oder Kollektiveffekte).[162]

Abstimmungsmechanismen kann man sich vorstellen als Etablierung bestimmter Verfahren und Regeln, im Sinne „normativer Lösungen“ für mögliche Handlungs- und Abstimmungsprobleme[163] (auch: „Interaktionsdilemmata“[164]), denen sich Akteure in ihrem wechselseitig abhängigen Handeln gegenübersehen. Sie sind „nichts weiter als regulierte Formen von sozialen Beziehungen; oder kurz: Institutionen [...]“[165] – und tragen, so Maurer und Schmid, „der Erkenntnis Rechnung, dass die Einzelhandlung nicht immer autonom, sondern oft genug in Abhängigkeit von Erwartungen über das Handeln der anderen erfolgt und damit das Resultat sozialer Interdependenzen ist.“[166] Die Verteilungsstrukturen wiederum ergeben sich laut Schmid oft als unbeabsichtigte oder unerwünschte Effekte aus den Abstimmungsbemühungen (institutionalisiert: Abstimmungsmechanis-

S. 53ff. (im Folgenden zitiert als: Schmid, Michael: Soziale Mechanismen und Soziologische Erklärungen); Ders.: Die Logik, S. 148, FN 1029.

159 Ders.: Die Erklärungsaufgabe der Soziologie und das Problem der Rationalität. In: Maurer, Andrea/Schimank, Uwe (Hrsg.): Die Rationalitäten des Sozialen. VS Verlag für Sozialwissenschaften, Wiesbaden, 1. Auflage 2011, S. 215 (im Folgenden zitiert als: Schmid, Die Erklärungsaufgabe der Soziologie). Schmid benutzt den Begriff der „Interdependenzmechanismen“ synonym zu Hedströms „Interaktionsregimen“. Vgl. ebenda.

160 Schmid, Die Logik, S. 141.

161 Vgl. Ders., Die Erklärungsaufgabe der Soziologie, S. 215f.

162 Vgl. Ebenda.

163 Vgl. Ders.: Die Logik mechanismischer Erklärungen und die Einheit der Sozialwissenschaft. In: Balog, Andreas/Schülein, August (Hrsg.): Soziologie, eine multiparadigmatische Wissenschaft. Erkenntnisnotwendigkeit oder Übergangsstadium? In: VS Verlag für Sozialwissenschaften, Wiesbaden, 1. Auflage 2008, S. 235 (im Folgenden zitiert als: Schmid, Michael: Die Logik mechanismischer Erklärungen und die Einheit der Sozialwissenschaft).

164 Vgl. Ders., Die Erklärungsaufgabe der Soziologie, S. 228. Schmid zählt beispielhaft folgende Dilemmata auf: „Koordinationsproblem“, „Gefangenendilemma“, „Altruismus-Dilemma“, Stag-hunt-Spiel“ etc.

165 Des., Die Logik mechanismischer Erklärungen und die Einheit der Sozialwissenschaft, S. 245; vgl. auch ders., Soziale Mechanismen und Soziologische Erklärungen, S. 63. Schmid weist darauf hin, dass z.B. aus der Sicht des Symbolischen Interaktionismus bereits das Gelingen oder Misslingen derartiger Abstimmungen als Kollektiveffekt des gemeinsame Handelns betrachtet wird und damit die Analyse schon abgeschlossen wäre. Vgl. Schmid, Soziale Mechanismen und Soziologische Erklärungen, S. 61.

166 Maurer/Schmid, a.a.O., S. 2883.

men!) der Akteure und wirken dann wiederum kanalisierend und prägend auf das Handeln derselben zurück.[167]

Macht man sich die Bedeutung dieser Verzahnung zwischen individuellem Handeln, Abstimmungsmechanismen, Verteilungsstrukturen (und wieder individuellem Handeln) innerhalb der Schmidschen Konzeption klar, so wird deutlich, dass eine gelungene Erklärung der Generierung kollektiver Effekte voraussetzt, diese nicht direkt aus individuellem Handeln abzuleiten[168], sondern mithilfe eines entsprechenden Erklärungsarguments zu zeigen, wie handlungsleitende Regeln – also etwa verteilte Rechte und Pflichten – oder regelbasierte Institutionen, die den Abstimmungsmechanismen zugrundeliegen, die bestimmten Verteilungsfolgen hervorbringen.[169] Und das wiederum setzt voraus, „[...] die entscheidungsbeeinflussten Wechselhandlungen zu identifizieren, die diese Mechanismen ihrerseits in Gang setzen und aufrecht erhalten."[170] Schmid fordert entsprechend für jede sozialwissenschaftliche Erklärung – auch für mechanismenbasierte – die Berücksichtigung mindestens dreier ontologisch unterscheidbarer Ebenen: Handlungsebene, Interdependenzebene und Strukturebene.[171] Dies entspricht m. E. einer Unterteilung in „Mikro", „Meso" und „Makro" im Sinne eines Mehrebenenmodells.

In Auseinandersetzung mit der Diskussion um das klassische, deduktiv-nomologische Erklärungsschema („covering-law model") nach Carl G. Hempel und Paul Oppenheim[172] – die an dieser Stelle nicht umfassend dargelegt werden

---

167 Vgl. Schmid, Die Logik, S. 141. Sie werden damit zu „ungewollten Restriktionen ihres weiteren Handelns [...]." Schmid, Die Logik mechanismischer Erklärungen und die Einheit der Sozialwissenschaft, S. 235.

168 Das wäre nur in Fällen ausreichend, in denen Akteure völlig auf sich gestellt und unabhängig von Interdependenzsituationen kollektive Ergebnisse herbeiführen.

169 Vgl. Schmid, Die Logik, S. 168.

170 Ders., Soziale Mechanismen und Soziologische Erklärungen, S. 53.

171 Vgl. Schmid, Ist die Soziologie, S. 128ff; 134. An anderer Stelle erweitert Schmid diesen Vorschlag um die Forderung nach einer vierten Ebene, die Annahmen über die Rückwirkungen der Kollektivfolgen auf die weiteren Handlungen der Akteure beinhalten müsse. Vgl. Schmid, Die Logik, S. 24.

172 Das nach den beiden Entwicklern auch als „HO-Schema" benannte Erklärungsmodell basiert im Wesentlichen auf 4 (später: 5) Adäquatheitsbedingungen, die laut den Autoren jede (wissenschaftlich) erklärende Beantwortung einer „Warum"-Frage bezogen auf ein stattfindendes Ereignis, erfüllen müsse. Vgl. Schmid, Soziale Mechanismen und Soziologische Erklärungen, S. 39f. Schematisch dargestellt, muss sich ein Satz über ein zu erklärendes Ereignis (Explanandum) logisch aus einem Explanans (bestehend aus einem allgemeinen Gesetz und einem weiteren Satz, der empirisch gegebene Anfangsbedingungen bzw. Randbedingungen enthält) ableiten lassen. Vgl. Opp, Methodologie, S. 52f. Anschaulich gesprochen: Wenn dieses (allgemein gültige, empirisch bestätigte) Gesetz gilt und jene Randbedingungen tatsächlich vorliegen, folgt das Explanandum logisch: „Die Erklärung eines Phänomens bedeutet im Prinzip, das zu

kann[173] – kommt Schmid zu seinem Vorschlag, wie sich ein mechanismisches Erklärungsmodell, das diese Mehrebenendifferenzierung berücksichtigt, konstruieren ließe: Aufgrund des Fehlens sozialer (Makro-)Gesetze verwirft er die Vorstellung eines einstufigen Erklärungsarguments, das kollektive Phänomene direkt aus sozialen Gesetzmäßigkeiten (und Randbedingungen) ableiten könnte.[174] Stattdessen rekurriert er auf einen handlungstheoretisch-nomologischen Kern[175] und betrachtet diesen insoweit als „handlungstheoretisches Gesetz", als dass der Generierung jeder einzelnen Entscheidung und den darauf basierten Handlungen schließlich ein „nomologischer Algorithmus" zugrunde liege.[176] Allerdings, so Schmid einschränkend, seien davon Aussagen über (veränderliche) strukturelle oder situative Anwendungs- und Randbedingungen[177] zu trennen, die selbst keinen nomologischen Charakter aufwiesen.[178] Da überdies stets zu klären sei, wie einzelne Handlungen (durch Abstimmungsmechanismen) kombiniert würden, bevor sie die strukturellen Makro-Explananda generierten, verwirft Schmid

---

erklärende Phänomen als die Folge bestimmter (kausaler) Ursachen zu erkennen." Esser, Allgemeine Grundlagen, S. 40.

173 Verwiesen sei an dieser Stelle auf die Darstellungen etwa bei Opp, Methodologie, S. 70ff.; Schmid, Soziale Mechanismen und Soziologische Erklärungen, S. 41ff; Hedström, a.a.O., S. 30ff. Neben Problemen der Anwendung einzelner Adäquatheitsbedingungen bereitet insbesondere der Umstand Sorge, dass bislang keinerlei empirisch gültigen Makro-Gesetze gefunden wurden, d. h. weder gesellschaftliche Entwicklungs- oder Strukturgesetze, keine Evolutionsgesetze, keine Transitionsgesetze etc. (vgl. Schmid, Soziale Mechanismen und Soziologische Erklärungen, S. 44f.). Da höchst strittig ist, ob es Gesetze individuellen Handelns gibt bzw. geben kann, droht, wenn man diese ebenfalls ablehnt, die „Selbstauflösung des sozialwissenschaftlichen Erklärungsprogramms" (Schmid, Die Logik mechanismischer Erklärungen und die Einheit der Sozialwissenschaft, S. 232f.) oder, falls man sich alternativ – statt zu erklären – auf das Aufsummieren empirischer Fakten beschränke, eine „[…] Form (empiristischer) Selbstamputation theoretischen Denkens." Schmid, Soziale Mechanismen und Soziologische Erklärungen, S. 46FN 37.

174 Vgl. Schmid, Michael: Theorien, Modelle und Erklärungen. Einige Grundprobleme des soziologischen Theorienvergleichs. In: Preyer, Gerhard (Hrsg.): Neuer Mensch und kollektive Identität in der Kommunikationsgesellschaft. VS Verlag für Sozialwissenschaften, Wiesbaden, 1. Auflage 2009, S. 337f. (im Folgenden zitiert als: Schmid, Theorien, Modelle und Erklärungen).

175 Vgl. Ders., Die Logik mechanismischer Erklärungen und die Einheit der Sozialwissenschaft, S. 242.

176 Vgl. ebenda, S. 339.

177 Z.B. wechselnde Ziele, schwankende normative Überzeugungen, veränderbare Situationswahrnehmungen oder Bedingungen des Abstimmungserfolgs. Vgl. Schmid, Die Logik mechanismischer Erklärungen und die Einheit der Sozialwissenschaft, S. 243; Ders., Soziale Mechanismen und Soziologische Erklärungen, S. 43.

178 Vgl. Ders., Theorien, Modelle und Erklärungen, S. 340; Ders., Soziale Mechanismen und Soziologische Erklärungen, S. 45; Ders., Die Logik, S. 163.

ebenfalls eine einstufige Deduktion der Explananda aus den verhaltensnomologisch erklärten Einzelhandlungen.[179]

Stattdessen schlägt er in Erweiterung des HO-Schemas den Aufbau eines mehrstufigen, mit vier Erklärungsschritten versehenen Erklärungsargumentes vor[180], das der Form nach insofern deduktiv bleibt, als dass die in einem Erklärungsschritt herangezogenen Faktoren wiederum als Parameter oder Randbedingungen für den nachfolgenden Schritt dienen[181]: Im *ersten Schritt* geht es um die „Erklärung der Handlungen einzelner Akteure und deren individuell zuschreibbares Ergebnis"[182] und dies „[...] angesichts bestimmter Zielvorgaben und situativer Opportunitäten [...]"[183], denen sich die jeweiligen Akteure im Rahmen ihrer Situationswahrnehmung gegenübersehen. Dazu wird zum einen eine Theorie individuellen Handelns benötigt[184] – der weiter oben umrissene „handlungstheoretisch-nomologische Kern" der Mechanismus-Erklärung. Zum anderen, als deren

179 Vgl. Ders., Die Logik, S. 15.

180 Vgl. Ders.: Das Aggregationsproblem – Versuch einer methodologischen Analyse. In: Hill, Paul/Kalter, Frank/Kopp, Johannes/Kroneberg, Clemens/Schnell, Rainer (Hrsg.): Hartmut Essers Erklärende Soziologie. Kontroversen und Perspektiven. Campus Verlag, Frankfurt/New York 2009, S. 136f. (im Folgenden zitiert als: Schmid, Das Aggregationsproblem); Ders., Zur Logik, S. 54;

181 Vgl. Ders., Die Logik mechanismischer Erklärungen und die Einheit der Sozialwissenschaft, S. 245f. Schmid weist darauf hin, dass jeder weitere Erklärungsschritt Zusatzannahmen über Eigenheiten der Umstände auf den betreffenden Ebenen (Mikro – Meso – Makro) erfordere, die aber nur dann zu finden seien, wenn das Explanandum des jeweiligen nächsten Erklärungsschrittes bereits bekannt sei. Vgl. ebenda, S. 246. Zugleich betont er, dass die prinzipiell über deduktive Argumente darstellbare Modellierung mechanismischer Erklärungen nicht dazu verleiten dürfe, anzunehmen, dass alle Vorbedingungen des Explanandums in einem nomologischen Satz zusammengefasst werden könnten, was einem einfachen DN-Erklärungsargument entspräche. Vgl. Schmid, Soziale Mechanismen und Soziologische Erklärungen, S. 51. Interessanterweise spekuliert Schmid im gleichen Aufsatz darauf, zeigen zu können, dass das DN-Modell als Spezialfall eines umfassenderen, erweiterten Erklärungsmodells [gemeint ist sein vierschrittiger Vorschlag zur Modellierung Sozialer Mechanismen! Anm. d. Verfassers] betrachtet werden kann (vgl. ebenda, S. 46).

182 Ders., Die Erklärungsaufgabe der Soziologie, S. 216.

183 Ders., Die Logik mechanismischer Erklärungen und die Einheit der Sozialwissenschaft, S. 242. Der Autor spricht auch spezifischen „situativen Problemlagen", angesichts derer Akteure agieren müssen. Vgl. Ders., Das Aggregationsproblem, S. 137.

184 Vgl. Ders., Die Erklärungsaufgabe der Soziologie, S. 216. Eine solche Theorie sollte bestimmen, wie Akteure ihre Handlungssituation wahrnehmen und bewerten, welche Erwartungen und Zielvorstellungen sie ausbilden und aktivieren und zu welcher handlungssteuernden „Definition" der Situation sie damit gelangen können, außerdem, wie der Akteur seine Situationsdefinition in eine Handlungsentscheidung – gegenüber Handlungsalternativen – übersetze. Vgl. Ders., Die Logik, S. 16ff.

Randbedingung, Kontext- bzw. Situationsannahmen über die Handlungssituation[185], in Form eines „Situationsmodells“[186].

Schmid räumt ein, es sei noch nicht geklärt, welche Handlungstheorie die besten Erklärungschancen biete[187], er selbst plädiert für die Nutzung einer „erweiterungsoffenen Rational-Choice-Theorie“[188], auf deren Basis man die Modellierung mit relativ einfachen Annahmen über die „Standardinteressen“ der Akteure beginnen könne – je nach den strukturellen Explananda seien dann Korrekturen, bzw. Präzisierungen der handlungstheoretischen Annahmen möglich.[189]

Im *zweiten Schritt* wird erklärt, wie sich die Handlungen unterschiedlicher Akteure miteinander verbinden bzw. aufeinander einwirken, d. h. wie sie (institutionell über wechselwirksame Erwartungen geregelt) ihr Handeln aufeinander abstimmen[190] – gesucht werden die entsprechenden Abstimmungsmechanismen und ggf. deren Wandel im Zeitverlauf[191], formuliert als „mechanisches Prozessmodell“.[192] Dieses stellt im Optimalfall auch schon eine Vorstufe zur Lösung für das mit dem Ebenenwechsel von Mikro zu Makro verbundene „Transformations-

---

185 Die Handlungssituation umreißt etwa die Fähigkeits- und Ressourcenausstattung eines Akteurs, Mittel, Restriktionen und Opportunitäten, das Handeln seiner Mitakteure, an dem er sich orientieren muss, etc. Vgl. Schmid, Die Erklärungsaufgabe der Soziologie, S. 216. Die Situationsbedingungen müssen stets über sog. „Brücken-“ oder „Hilfshypothesen“ mit den unmittelbaren Entscheidungsbedingungen der Handlungstheorie verbunden werden. Vgl. Ders., Soziale Mechanismen und Soziologische Erklärungen, S. 58; Ders., Die Logik, S. 19. Man mag eine Schwierigkeit darin erkennen, dass die vom Akteur über die subjektive Wahrnehmung seiner Handlungssituation antizipierte Abhängigkeit von den Handlungen anderer Akteure – von Abstimmungsmechanismen – auf einen Erklärungsschritt verweist, der in der Analyse erst noch folgt (!)

186 Über die entscheidungs- oder wahlrelevanten Einflussgrößen Vgl. Schmid, Die Logik, S. 19.

187 Vgl. Ders., Die Erklärungsaufgabe der Soziologie, S. 215.

188 Ders., Das Aggregationsproblem, S. 137. Vereinfacht dargestellt: Ein Akteur sortiert gemäß seiner Präferenzen verschiedene – von ihm als möglich wahrgenommene – Handlungsalternativen. D.h. er bemisst diese jeweils mit einem gewissen Nutzen als Entscheidungswert (der immer Erwünschtheit und Eintrittswahrscheinlichkeit der damit angestrebten Ziele berücksichtigt). Anschließend entscheidet sich der Akteur entsprechend einer „Nutzenmaximierungsregel“ für die Handlungsalternative, die ihm den höchsten Nutzenertrag verspricht. Die knappe, überblicksartige Darstellung der zentralen Unterschiede zwischen einer weiten und einer engen Version der Rational Choice-Theorie findet sich bei Opp, Karl-Dieter: What is Analytical Sociology? Strenghts and weaknesses of a new sociological research program. In: Social Science Information 52 (3) 2013, S. 341 (im Folgenden zitiert als: Opp, Analytical Sociology).

189 Vgl. Schmid, Die Erklärungsaufgabe der Soziologie, S. 223.

190 Vgl. Ders., Ist die Soziologie. S. 129;

191 Vgl. Ders., Soziale Mechanismen und Soziologische Erklärungen, S. 59; vgl. Ders., Die Logik mechanismischer Erklärungen und die Einheit der Sozialwissenschaft, S. 240.

192 Ders., Die Logik, S. 22 FN 59.

problem" (auch: „Aggregierungsproblem"[193]) dar[194], das abschließend im *dritten Schritt* der Modellierung erfolgreich gelöst bzw. im konkreten Fall erklärt werden soll: Um nämlich das Explanandum, die Verteilungsstrukturen, als Resultate der Abstimmungsbemühungen aus Schritt 2 identifizieren zu können, bedürfe es der Erstellung eines „Modells kollektiver Handlungsfolgen"[195], aus dem dann der Satz, der die Verteilungsfolgen beschreibt, logisch abgeleitet wird.[196] Innerhalb eines solchen (Teil-)Modells werden wiederum Hypothesen darüber benötigt, wie sich aus dem mechanismusbasierten Abstimmungshandeln der Akteure beabsichtigte oder unbeabsichtigte Kollektivkonsequenzen ergeben, dies unter Einbezug zusätzlicher mechanismusexterner Umweltgegebenheiten.[197]

Mit dem (optionalen[198]) *vierten Schritt* schließlich wird der Bogen gespannt von den erklärten Verteilungsstrukturen/Kollektiveffekten zurück zu Handlungsbedingungen der Akteure[199], d. h. es muss eine Rückwirkung erklärt werden auf die Situationsbestimmungen der nächsten Entscheidungs- bzw. Handlungsphase.[200] Insbesondere die Reproduktion bzw. Evolution von Abstimmungsmechanismen kann so modelliert werden[201] – über die Formulierung von Hypothesen über die

---

193 Ders., Die Logik mechanismischer Erklärungen und die Einheit der Sozialwissenschaft, S. 240.

194 Indem es jene institutionellen Regeln (z.B. antizipierte Rechtsfolgen) angibt, die die Akteure sich selbst und anderen zuschreiben. Lediglich „in reinen Interdependenz-Situationen, in denen jeder Akteur über unbestreitbare Handlungsrechte[...]" verfüge, sei hingegen eine formale oder analytische Transformationsregel ausreichend. Vgl. Ders., Ist die Soziologie, S. 30.

195 Schmid, Die Logik, S. 23.

196 Vgl. ebenda, S. 22f.

197 Vgl. ebenda. Schmid bezweifelt, das Aggregationsproblem rein rechnerisch auf Basis der Einzelhandlungen der Akteure über formal-analytische „Transformationsregeln" lösen zu können. Stattdessen seien „inhaltliche ‚Brückenannahmen nach oben'" notwendig, der Zusammenhang zwischen Mechanismus und Kollektiveffekt über eine handlungssteuernde Regel lasse sich dann auch als „Aggregations-Mechanismus" interpretieren. Vgl. Schmid, Die Logik mechanismischer Erklärungen und die Einheit der Sozialwissenschaft, S. 240 FN57.

198 Schmid selbst räumt ein, dass man, je nach gewähltem Explanandum, die Mechanismus-Erklärung nach dem dritten Erklärungsschritt abbrechen könne. Vgl. Schmid, Die Logik. S. 23. Als Beispiel nennt Schmid die neoklassische Markttheorie. Vgl. Ders., Das Aggregationsproblem, S. 140.

199 Vgl. Ders., Die Erklärungsaufgabe der Soziologie, S. 217; Ders., Die Logik, S. 23.

200 Vgl. Ders., Soziale Mechanismen und Soziologische Erklärungen, S. 60. Anschaulich gesprochen geht es um die Erklärung der Frage, „[...] wie sich die Verteilungseffekte ihres Handelns auf ihre Bereitschaft auswirken, sich auch weiterhin an die einmal gefundenen (institutionellen) Lösungen ihrer Verkehrsprobleme zu halten. Ders., Die Erklärungsaufgabe der Soziologie, S. 217.

201 Vgl. Ders., Die Logik, S. 23.

„rekursiven Effekte" sei es laut Schmid möglich, das bis dahin statische Mechanismus-Modell zu dynamisieren, um Strukturwandel (bzw. „Strukturdynamiken"[202]) erklärend zu erfassen.[203] Für sich genommen sei der vierte Erklärungsschritt aber logisch identisch mit dem ersten[204] und münde erneut in die Suche nach – dann veränderten – Situationsmodellen.[205]

Der solchermaßen skizzierte, vierschrittige Modellierungsvorschlag eignet sich dem Urheber zufolge in heuristischer Perspektive[206] als flexibel anwendbare Basis eines mechanismenbasierten Forschungsprogramms: So sei es unter anderem möglich, einzelne Erklärungsfaktoren konstant zu setzen[207], lediglich einzelne Teilschritte zu untersuchen[208], oder unterschiedliche Fachdisziplinen mit deren Untersuchung spezialisiert zu beauftragen[209]. Unter der Maßgabe, standardisierte – aber revisionsoffene[210] – Annahmen zur unterlegten Handlungstheorie zu verwenden, ließen sich zudem generalisierbare Modellierungen entwerfen, die zur Untersuchung unterschiedlicher (Teil-)Phänomene wiederholt einsetzbar seien – also „allgemeine Strukturmodelle".[211]

---

202 Ders., Die Erklärungsaufgabe der Soziologie, S. 217.

203 Vgl. Ders., Soziale Mechanismen und Soziologische Erklärungen, S. 60; Ders., Die Logik, S. 24.

204 Vgl. Ders., Das Aggregationsproblem, S. 140.

205 Vgl. Ders., Die Logik, S. 24 FN 71.

206 Vgl. Schmid, Die Logik S. 143ff. Der Autor räumt ein, der Begriff „Heuristik" sei nicht gut definiert und diene bisweilen nur zur Verschleierung. Vgl. Ebenda, S. 143 FN 1002.

207 Vgl. Ders., Die Logik mechanismischer Erklärungen und die Einheit der Sozialwissenschaft, S. 247; Ders., Soziale Mechanismen und Soziologische Erklärungen, S. 62ff.

208 Vgl. ebenda.

209 Vgl. Ders., Die Logik mechanismischer Erklärungen und die Einheit der Sozialwissenschaft, S. 249; Ders., Die Logik, S. 150.

210 Vgl. Ders., Die Logik, S. 152.

211 Vgl. Ders., Die Logik, S. 156f. Eine der zentralen – ungelösten – Herausforderungen bleibt laut Schmid darin bestehen, auch das Wechselverhältnis verschiedener Muster zu untersuchen und dabei entstehende Inferenzmuster zu bestimmen. Vgl. Ders., Soziale Mechanismen und Soziologische Erklärungen, S. 65f.

3 Das Mechanismus-Konzept aus Perspektive des MSE: Ein kritischer Integrationsversuch

Nachdem die einzelnen zentralen (Definitions-)Bausteine des Mechanismuskonzepts, sowie zwei prominente Modellierungsvorschläge zur Durchführung mechanismischer Erklärungen diskutiert wurden, folgt nun der Integrationsversuch: Lassen sich diese Merkmale bzw. Modellierungen in das von Hartmut Esser propagierte Modell Soziologischer Erklärung (MSE) übersetzen? Finden sie sich dort gar schon wieder? Auf welche Unterschiede bzw. Probleme stößt eine solche Integration? Es folgt ein zusammenfassender Überblick über das Badewannenmodell. Anschließend werden die einzelnen Mechanismus-Bausteine nacheinander in den Kontext des MSE überführt. Das Gleiche gilt für die Mechanismus-Modellierungsvorschläge – falls nötig, dient das MSE jeweils zur kritischen Konfrontation.

3.1 Das Modell Soziologischer Erklärung (MSE): Ein kurzer Überblick

Essers erklärende Soziologie ist als methodologisch-individualistisch fundierte Makro-Mikro-Makro-Theorie angelegt.[212] Bedeutet, dass die Erklärung kollektiver sozialer Phänomene – die DEN Erklärungsgegenstand der Soziologie schlechthin ausmachen[213] – grundsätzlich über eine Mehr-Ebenen-Differenzierung modelliert wird und letztlich nur über das verstandene Handeln individueller Akteure an ausreichender Tiefe gewinnt. Die zu erklärenden sozialen Phänomene werden auf einer Makro-Ebene als kollektive Phänomene angesiedelt[214] und stellen gemäß der Terminologie von Hempel und Oppenheim[215] das „Explanandum" dar. Das „Explanans" wiederum, also alle Aussagen, die das Explanandum letztlich erklären, verteilt Esser analytisch auf Mikro- und Makro-Ebene[216] und spaltet sie in drei gesonderte Erklärungsprobleme auf: „Wie stellt

---

212 Vgl. Greshoff, Rainer: Soziologische Grundlagen kontrovers: erklärende Soziologie (Esser) versus soziologische Systemtheorie (Luhmann) – wie groß sind die Unterschiede? In: Schimank, Uwe/Greshoff, Rainer (Hrsg.): Was erklärt die Soziologie? Methodologien, Modelle, Perspektiven. LIT Verlag, Berlin 2005, S. 78 (im Folgenden zitiert als: Greshoff, Soziologische Grundlagen kontrovers).

213 Vgl. Esser, Allgemeine Grundlagen, S. 85.

214 Vgl. Greshoff, Verstehen und Erklären bei Esser, S. 420. Greshoff sieht solche soziale Gebilde als über overte Handlungen und damit verknüpfte soziale Strukturen manifestiert.

215 Vgl. Hempel, Carl G./Oppenheim, Paul: Studies in the Logic of Explanation. In: Philosophy of Science, 15, 1948, S. 135ff.

216 Vgl. Greshoff, Soziologische Grundlagen kontrovers, S. 117.

sich die ‚Situation' in den […] sozialen Gebilden für die Akteure dar? Wie gehen die Akteure in der Situation mit diesen Vorgaben um? Welche – oft nicht beabsichtigten – Folgen produzieren die Akteure mit ihrem situationsorientieren Handeln?"[217] Diese Fragestellungen umreißen einen typischen methodologischen Dreischritt, der das Grundgerüst des MSE ausmacht: Esser spricht von der „Logik der Situation" (a), der „Logik der Selektion" (b) und der „Logik der Aggregation" (c).[218]

Abbildung 2: *Das Grundmodell der Soziologischen Erklärung (MSE)*

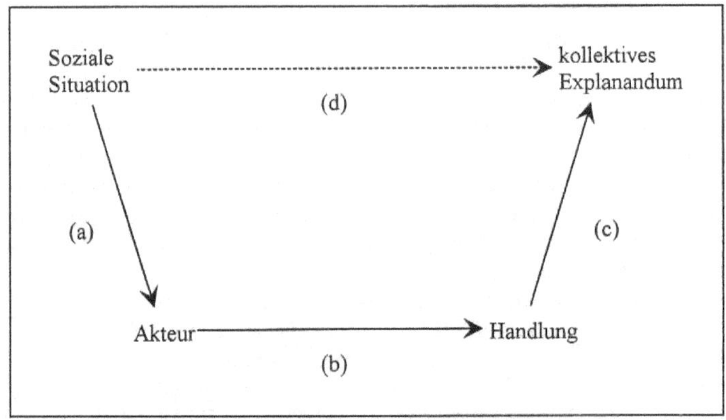

Quelle: Esser, Allgemeine Grundlagen, S. 98.

Dass die Umstände der sie umgebenden „objektiven Situation" Akteuren enge Grenzen des Handelns setzen, war prinzipiell schon Max Weber und Karl Popper bekannt.[219] Hartmut Esser systematisiert nun unter dem Begriff „Logik der Situation" die Verbindung zwischen objektiven Bedingungen einer sozialen (Ausgangs-)Situation mit den bereits erworbenen inneren Einstellungen und Zielen eines in ihr handelnden Akteurs, der erst handelt, nachdem er eine subjektive

217 Esser,Hartmut/Troitzsch, Klaus G., S. 16.

218 Vgl. Esser, Allgemeine Grundlagen, S. 94ff.

219 Vgl. Balog, Andreas: Verstehen und Erklären bei Max Weber. In: Greshoff, Rainer/ Kneer, Georg/Schneider, Wolfgang Ludwig (Hrsg.): Verstehen und Erklären. Sozial- und kulturwissenschaftliche Perspektiven. Wilhelm Fink Verlag, München 2008; Böhm, Jan M.: Verstehen und Erklären bei Karl Popper. In: Greshoff, Rainer/Kneer, Georg/Schneider, Wolfgang Ludwig (Hrsg.): Verstehen und Erklären. Sozial- und kulturwissenschaftliche Perspektiven. Wilhelm Fink Verlag, München 2008, S. 369ff.

Situationsdefinition vorgenommen hat.[220] Dieser Vorgang, dargestellt als strukturelle Orientierung bietendes Deuten und Rezipieren der Situation über Symbole, wird als „Framing“ bezeichnet.[221] Bei der Beschreibung der Logik der Situation geht es dann insgesamt meist um: „Geltende kulturelle Ziele, Werte, Wissensbestände und Symbole, frames of reference, spezielle Codes der gesellschaftlichen Teilsysteme, institutionelle Mittel.“[222] Formal darstellen lässt sich diese Makro-Mikro-Verbindung über „Brückenhypothesen“, die für den Akteur die Randbedingungen seines Handelns darstellen[223] und daher zwingend eine Überleitung in die Sprache und Variablen der verwendeten Handlungstheorie beinhalten.[224]

Das schließt an den zweiten Teil-Schritt an, die „Logik der Selektion“. Sie stellt die Mikro-Mikro-Verbindung zwischen den Eigenschaften des Akteurs in der Situation und der Selektion einer Handlungsalternative dar.[225] Um das individuelle Handeln zu erklären, ist zwingend die Heranziehung einer Handlungstheorie erforderlich, die – als allgemeine und nomologische Regel formuliert – Aussagen darüber erlaubt, wie Akteure Alternativen unter gegebenen (Situations-)Bedingungen auswählen.[226] Laut Esser handelt es sich dabei um ein Gesetz mit allgemeiner Geltung.[227] Prinzipiell lässt es das MSE offen, welche Handlungstheorie angewendet wird – vorausgesetzt, sie ist mit den anderen Teilschritten des Modells kompatibel und erlaubt über ihre Variablen die Erfassung wichtiger Situati-

---

220 Esser, Hartmut: Soziologie. Spezielle Grundlagen. Band 1: Situationslogik und Handeln. Campus Verlag, Frankfurt am Main 1999, S. 37; S. 61 (im Folgenden zitiert als: Esser, Spezielle Grundlagen 1).

221 Vgl. Greshoff, Soziologische Grundlagen kontrovers, S. 82. Die subjektive Definition der Situation stellt eine komplexitätsreduzierende Leistung des Akteurs dar. Vgl. Esser, Spezielle Grundlagen 1, S. 161.

222 Esser, Allgemeine Grundlagen, S. 221.

223 Oder noch genauer: ... die den Einfluss der äußeren Kontextvariablen (Bedingungen der Ausgangssituation) auf diese Randbedingungen seines Handelns darstellen... vgl. Kroneberg, a.a.O., S. 234.

224 Vgl. Esser, Spezielle Grundlagen 1, S. 15f.; Greshoff, Verstehen und Erklären bei Esser, S. 423.

225 Vgl. Esser, Allgemeine Grundlagen, S. 94.

226 Vgl. ebenda.

227 Vgl. Esser, Spezielle Grundlagen 1, S. 16. Eine solche Annahme passt gut zum Gesamt-Konzept des MSE, das, wenngleich für die Zwecke der Soziologie erweitert, auf der deduktiv-nomologischen Erklärung (HO-Schema) basiert und deshalb die Anwendung von Gesetz(en) und Randbedingung(en) verlangt. Es gibt auch Kritik an dieser Sichtweise vgl. etwa Greshoff, Verstehen und Erklären bei Esser, S. 438. Allerdings ist deren Vorteil klar: Eine Gesetzes-Anwendung erlaubt die Rückkopplung an der empirischen Forschung. Das MSE kann so zu einer ständigen Verbesserung der aktuellen Handlungstheorie beitragen. Eine präzise Formalisierung der einzelnen MSE-Teilschritte, sowie der Gesamterklärung auf Basis des HO-Schemas, in Form eines deduktiven Arguments, findet sich bei Kroneberg, a.a.O., S. 233ff.; 236.

ons-Faktoren.[228] Auf die vielfältigen Vorschläge adäquater Akteurstheorien wurde bereits im Kapitel über die Modellierung mechanismischer Erklärungen verwiesen.

Esser selbst ging in den vergangenen Jahren dazu über, mit Unterstützung von Kroneberg eine „Theorie der Frame-Selektion" (FST) zu entwickeln. Diese stellt laut Esser den Versuch dar, „auf eine immer noch recht unaufwendige Weise das wohl in der Tat nicht ganz einfache Zusammenspiel von Interessen, Institutionen und Ideen bei der Erklärung des Handelns in einen präzisen analytischen Rahmen von Kausalprozessen zu bringen […]."[229] Ihrem Anspruch nach entspricht sie einer universalen Handlungstheorie, die unterschiedliche Akteurs- bzw. Handlungskonzeptionen verschiedener sozialwissenschaftlicher Paradigmen unter einem Dach vereint.[230]

Vereinfacht dargestellt, erklärt die FST die Selektion eines bestimmten Akts (Handlung) über das Zusammenwirken zweier Selektionselemente, der Modell-Selektion und der Modus-Selektion.[231] Die Modell-Selektion umfasst eine (subjektive) Definition der Situation (über die Selektion sog. „Frames"), die daraufhin mögliche Aktivierung eines Verhaltensprogramms (über die Selektion sog. „Skripte") und schließlich die eigentliche Handlungsselektion.[232] Eingebettet ist die Modell-Selektion in die Modus-Selektion, die die jeweilige „Art" der Informationsverarbeitung bestimmt und je nach Situationsbeschaffenheit zwischen einem automatisch-spontanen (as)-Modus und einem reflexiv-kalkulierenden (rc)-

---

228 Esser selbst gibt sich in diesem Punkt salomonisch und bemerkt: „Zu untersuchen, wie die Selektion des Handelns empirisch verläuft, welche nomologische Regeln es dabei gibt, ist eigentlich nicht Aufgabe der Soziologie […] und solange sich die Psychologen untereinander und mit den Ökonomen nicht haben einigen können, welche Theorie des Handelns die bessere ist, kann sich die Soziologie getrost diejenige aussuchen, die sie für ihre Zwecke für die geeignetste ansieht." Esser, Spezielle Grundlagen 1, S. 21.

229 Esser, Hartmut: Das Modell der Frame-Selektion als Überwindung der Theorie der rationalen Wahl. In: Albert, Gert/Sigmund, Steffen (Hrsg.): Soziologische Theorie kontrovers. Kölner Zeitschrift für Soziologie und Sozialpsychologie, Sonderheft 50/ 2010. VS Verlag für Sozialwissenschaften, Wiesbaden 2011, S. 58 (im Folgenden zitiert als: Esser, Das Modell der Frame-Selektion).

230 Esser sieht explizit die Möglichkeit vor, dem normativen Paradigma entsprechend, auch unreflektiertes Alltagshandeln zu modellieren. Daneben sei der Modellfall des utilitaristischen Paradigmas, eine komplett „rational" verfahrende Handlungsentscheidung als ebenfalls möglich integriert und schließlich ebenso handlungstheoretische Konzeptionen des interpretativen Paradigmas. Vgl. Esser, Das Modell der Frame-Selektion, S. 58. Explizit wird so auch eine Einbindung der vier Weberschen Idealtypen des Handelns (zweckrational, wertrational, affektuell, traditional) angestrebt. Vgl. Albert, a.a.O., S. 536.

231 Vgl. Esser, Das Modell der Frame-Selektion, S. 55.

232 Vgl. ebenda, S. 55f.

Modus wechselt.[233] Verbunden werden beide Selektionselemente laut Esser über einen automatischen Vorgang der Mustererkennung.[234] Im Ergebnis kann die FST so erklären, wie Akteure angepasst an die jeweilige Situation „[...] zwischen gewohnheitsmäßigen Reaktionen oder eher reflektierten (eventuell auch: kreativen oder innovativen) Handlungsversuchen wechseln."[235]

Nachdem mit der „Logik der Selektion" das individuelle Handeln erklärt wurde, fehlt zur Vollständigkeit des MSE ein abschließender dritter Schritt zurück auf die Makro-Ebene: Die aggregierende Verknüpfung der individuellen Effekte mit dem Ergebnis des kollektiven Explanandums, die „Logik der Aggregation"[236]. Da soziale Folgen zu einem großen Teil davon abhängen, wie die individuellen Teile wechselwirken[237], ist das zu erklärende Explanandum aber oft nicht bloß die einfache „Summe seiner Teile". Nein, an dieser Stelle werden klare „Transformationsregeln"[238] benötigt, die angeben, unter welchen Bedingungen bestimmte individuelle Effekte bestimmte kollektive Sachverhalte erzeugen.[239] Zusammen mit weiteren Randbedingungen, formalen und empirischen Annnahmen wird so das kollektive Ergebnis definiert.[240]

---

233 Vgl. Albert, a.a.O., S. 536. Albert weist auf einen Kritikpunkt an der FST hin, wenn er feststellt, dass die Modus-Selektion selbst, obschon unbewusst und weniger Entscheidung, wiederum mit Hilfe einer Entscheidungstheorie, nämlich der Wert-Erwartungstheorie modelliert werde und somit die Selektion des Selektionsmodus „selber einem bestimmten Modus; nämlich dem rc-Modus [...]" folge.

234 Der stets – und vom Akteur nicht bewusst beeinflussbar – einen mehr oder weniger perfekten „Match" zwischen intern gespeicherten mentalen Modellen und damit assoziierten Objekten der externen Umgebung – „signifikanten Symbolen" – herstelle. Vgl. Esser, Das Modell der Frame-Selektion, S. 55.

235 Schmid, Das Aggregationsproblem, S. 137.

236 Vgl. Esser, Allgemeine Grundlagen, S. 96f.

237 Vgl. Hedström, a.a.O., S. 111.

238 Zur detaillierten Aufschlüsselung des Begriffs vgl. Greshoff, Verstehen und Erklären bei Esser, S. 435.

239 Vgl. Esser, Spezielle Grundlagen 1, S. 16.

240 Vgl. Ders., Spezielle Grundlagen 2, S. 13; S. 16. Esser formuliert das gesamte Transformationsargument abstrakt wie folgt: „Wenn in der Transformationsregel TR über die partielle Definition pD die individuellen Effekte IE vorausgesetzt werden *und* wenn die erforderlichen individuellen Effekte IE empirisch vorliegen *und* wenn die eventuell zusätzlich erforderlichen (formalen, deskriptiven und kausalen) Transformationsbedingungen TB als gültig angenommen werden können, *dann* liegt das zu erklärende kollektive Phänomen vor." Esser, Hartmut: Erwiderung: Bringing society (back) in! In: Hill, Paul/Kalter, Frank/Kopp, Johannes/Kroneberg, Clemens/Schnell, Rainer (Hrsg.): Hartmut Essers Erklärende Soziologie. Kontroversen und Perspektiven. Campus Verlag, Frankfurt/New York 2009, S. 262 (im Folgenden zitiert als: Esser, Bringing society back in).

Esser regt an, das MSE zu nutzen, um für bestimmte Grundtypen an Situationskonstellationen bereits komplette „Musterlösungen in Form typischer Kombinationen von Transformationsregeln“[241] anzulegen, die er als „Strukturmodelle“[242] bezeichnet und die dann auf eine Vielzahl von ganz unterschiedlichen inhaltlichen Problemfeldern als Modul angewendet werden könnten.[243] Dies erlaube, so Esser, „vieles von ansonsten mühseliger Modellierungsarbeit“ abzukürzen.[244]

Wichtig bleibt weiterhin der Hinweis auf zahlreiche mögliche Erweiterungen für das Grundmodell bzw. allgemein die Ausbaufähigkeit des MSE: Sowohl vertikale Differenzierungen, als auch horizontale Erweiterungen sind prinzipiell problemlos zu bewerkstelligen. Bei der vertikalen Differenzierung entsteht ein Mehrebenen-Modell, das zusätzlich noch eine (oder mehrere) Meso-Ebene(n) in das Modell einzieht – beispielsweise, um die Einbettung von Akteuren in soziale Gebilde und Interaktionssysteme zu modellieren, die zwischen den Makro-Strukturen der Gesellschaft und den Mikro-Aktionen der individuellen Akteure angesiedelt sind.[245] Horizontale Erweiterungen schalten das MSE wie Kettenglieder mehrfach hintereinander in Reihe und machen es möglich, die Zeitachse der Erklärung sowohl in die eine, wie auch in die andere Richtung zu verlängern: Einerseits kann man damit die Entstehung der Ausgangssituation zum neuen Explanandum erheben, andererseits das bisherige Explanandum zur Ausgangssituation bzw. Randbedingung für den nächsten Erklärungsschritt heranziehen.[246]

3.2 Zentrale Bausteine des Mechanismus-Konzepts: Auch im MSE gültig?

3.2.1 Generative Ursache-Wirkungs-Verknüpfung im MSE?

Geht man der Frage nach, inwieweit der erste zentrale Mechanismus-Baustein sich im MSE wieder findet, so kommt man schnell und unproblematisch zu dem

---

241 Ders., Spezielle Grundlagen 2, S. 27.

242 Ebenda, S. 27; Ders., TmR heute, S. 143.

243 Vgl. Ders., Spezielle Grundlagen 2, S. 27, 414; vgl. Esser/Troitzsch, S. 21. Esser sieht auch die Möglichkeit, für ganze Komplexe inhaltlicher Problemfelder mehrere Strukturmodelle in typischer Kombination zu einer „Strukturtheorie“ des entsprechenden Gegenstandsbereichs zusammenzufassen. Er nennt als mögliche Beispiele Strukturtheorien von Revolutionen, der Entstehung von Institutionen, oder der Entstehung und Dynamik von ethnischen Konflikten. Vgl. Esser, Spezielle Grundlagen 2, S. 417ff.

244 Vgl. Ders., Spezielle Grundlagen 2, S. 29.

245 Vgl. Esser, Spezielle Grundlagen 1, S. 19; Ders., Allgemeine Grundlagen, S. 112f.

246 Vgl. Ders., Spezielle Grundlagen 1, S. 16f.; Ders., Allgemeine Grundlagen, S. 107 Abb. 6.4. Es macht durchaus Sinn, bei einer Aneinanderreihung mehrerer „Badewannen“ das mögliche Vorliegen externer Einflüsse D+ zu beachten, die zu Beginn einer jeden neuen Sequenz auf die Randbedingungen bzw. die neue Ausgangssituation einwirken. Vgl. dazu Ders., Allgemeine Grundlagen, S. 107.

Ergebnis: Ja, er tut es! Esser bekennt eindeutig: „Die Erklärung eines Phänomens bedeutet im Prinzip, das zu erklärende Phänomen als die *Folge* bestimmter (kausaler) *Ursachen* zu erkennen.“[247] Folgerichtig wird auch im MSE ein zu erklärendes Phänomen als Ursache-Wirkungs-Verknüpfung dargestellt: Ausgangspunkt ist stets eine soziale Situation, die ursächlich auf ein kollektives Explanandum wirkt – jedoch niemals direkt, sondern immer vermittelt über den Dreischritt: Logik der Situation, Logik der Selektion und Logik der Aggregation.[248]

Insofern hiermit der Übergang zwischen sozialen Ursachen und sozialen Effekten beleuchtet wird, also explizit Zwischenschritte angegeben werden, die zeigen, wie und warum das Explanandum aus der Ausgangs-Situation hervorgeht, ist diese Verknüpfung auch *generativ*. Ebenso, wie der Mechanismus-Ansatz, richtet sich das MSE explizit gegen die reine Postulierung statistischer Korrelationen[249] und damit gegen Black Box Erklärungen.[250] Die vereinfachte, allgemeine Prozessstruktur eines jeden Mechanismus, Input/Ursache – *Mechanismus* – Output/Wirkung, wird, übertragen auf das MSE, deutlich spezifiziert: Input/Soziale Situation – *Logik der Situation* – Akteur – *Logik der Selektion* – Handlung – *Logik der Aggregation* – Output/kollektives Explanandum. Man könnte auch sagen: Erst das MSE füllt die Black Box „Mechanismus“ für den Bereich der Erklärung (makro-)sozialer Phänomene mit Inhalt.

3.2.2 Prozessform im MSE?

Die Prozessform, der nächste Baustein des Mechanismus-Konzepts, speist sich hauptsächlich aus der Forderung nach einer Identifizierung typischer situativer Zwischenstadien und der Berücksichtigung des zeitlichen Bezugs und der Dynamik der sozialen Verlaufsform.[251] Wenn Esser feststellt: „Soziologische Erklärungen sind – immer! – letztlich Prozess-Erklärungen [...]“[252], dann verweist dies nicht nur auf das genuin Prozesshafte alles Sozialen, sondern es lässt vermuten, dass sich auch im MSE eine entsprechende formale Ausgestaltung finden sollte. Und in der Tat: Mit der Konzeption der „Badewanne“ und ihren vertiefenden Teilschritten „Logik der Situation“, „Logik der Selektion“, „Logik der Aggregation“ wird bereits im denkbar einfachsten Grundmodell der zeitliche Bezug und die Dynamik über das situationswertende, dann entscheidende, schließlich (zu-

247 Ders., Allgemeine Grundlagen, S. 40. Kursivschrift im Original.

248 Vgl. ebenda, S. 91ff.; S. 98 Abb. 6.1.

249 Vgl. ebenda, S. 89.

250 Esser spricht in diesem Zusammenhang auch vom „Problem der Unvollständigkeit aller makro-soziologischen Zusammenhänge“. Vgl. ebenda, S. 100ff.

251 Vgl. diese Arbeit, S. 11f.

252 Esser, Allgemeine Grundlagen, S. 87.

sammen-)handelnde Tun der Akteure schrittweise berücksichtigt.[253] Albert geht in seiner Interpretation so weit, schon alleine in der Logik der Aggregation eine idealisierende Zusammenziehung mehrerer hintereinander stattfindender Handlungsschritte zu betrachten, entsprechend einer Sequenz von Mehrebenen-Modellen.[254]

Wer hingegen explizit auf die Entstehung sozialer Zwischen-Situationen abstellt, die einen Prozessverlauf markieren – und deshalb für das Grundmodell Prozesscharakter verneint – dem bietet sich die einfache Möglichkeit der horizontalen Erweiterung des MSE als mehrfach hintereinander in Reihe geschaltetes Glied einer Kette: So lässt sich ein gerade erklärtes Explanandum (= situatives Zwischenstadium!) wiederum als Ausgangssituation für den nächsten Erklärungsteilschritt verwenden usw. usf. Unter Berücksichtigung jeweils neu hinzukommender Randbedingungen können diese Modell-Sequenzen prinzipiell beliebige Zeiträume umfassen. Soziale Prozesse sind damit „nichts anderes als bestimmte Ketten des beschriebenen Grundmodells."[255] Es lässt sich festhalten: Prozessform

253 Interessanterweise verneint Mayntz den Prozesscharakter des mit dem MSE verwandten Coleman-Modells, da in diesem Makro-Phänomene als direkte Folge individuellen Handelns dargestellt würden. Stattdessen enthielten emergente Mikro-Makro-Beziehungen jedoch als Komponenten immer Strukturen oder Institutionen. Vgl. Mayntz, Soziale Mechanismen, S. 216. Diese Prozess-Skepsis mag jedoch nicht recht überzeugen, da einerseits die von Mayntz eingeforderte Struktur- bzw. Institutionswirkung auf das Explanandum natürlich auch in der Badewanne besteht – als Teil der Ausgangssituation und internalisiert durch die handelnden Akteure – und andererseits die mögliche Alternative, nämlich ein direktes Wirken von Strukturen auf das Makro-Explanandum gegen Annahmen des Methodologischen Individualismus verstößt.

254 Vgl. Albert, Gert: Sachverhalte in der Badewanne. Zu den allgemeinen ontologischen Grundlagen des Makro-Mikro-Makro-Modells der soziologischen Erklärung. In: Greve, Jens/Schnabel, Annette/Schützeichel, Rainer (Hrsg.): Das Mikro-Makro-Modell der soziologischen Erklärung. Zur Ontologie, Methodologie und Metatheorie eines Forschungsprogramms, S. 23, S. 23FN4. Ob man soweit gehen muss, dies in jedem Falle zu unterstellen, bedarf der Diskussion, bei verstetigter Substitution der rechten Badewannenseite durch eine oder mehrere neue Badewannen droht die Gefahr eines infiniten Regresses. Esser selbst sieht es als eine Möglichkeit an, im Rahmen komplexer Aggregationen „kausale" Transformationsbedingungen zu formulieren, die dann „[…] als Kürzel für eventuell längere Sequenzen von ‚Badewannen' eingefügt werden." Vgl. Esser, Bringing society back in, S. 261f. Für Alberts Position spricht zudem, dass es vermutlich immer mehrere Akteure sind, die in wechselseitig aufeinander bezogenem Handeln, über Zurechnen veränderter Situationsdefinitionen, schrittweise die kollektiven Ergebnisse verändern. Insofern verfolgt das MSE eine vereinfachende, idealisierende Darstellung. Das dürfte den heuristischen Nutzen des Modells ausmachen: Je nach gewünschter Auflösungsstärke bzw. Tiefenschärfe, lassen sich vom Grundmodell ausgehend, Vereinfachungen ab- und Erweiterungen ausbauen.

255 Esser, Spezielle Grundlagen 1, S. 17.

ist im MSE gegeben, oder zumindest mühelos darstellbar. Und das mit einem klar definierten Raster für mögliche Zwischenschritte.

3.2.3 Das Handeln von Akteuren als Träger/Mehrebenendifferenzierung im MSE?

Das MSE lässt sich – wie bereits festgestellt – unzweifellos ebenfalls der Position des Methodischen Individualismus zuordnen. Esser selbst versteht unter dieser Programmatik, angewendet auf sein Modell: „[...] ein Konzept der Erklärung kollektiver Sachverhalte unter Rückgriff auf das durch Situationen strukturierte Handeln von Individuen."[256] Das prozessierende, soziale Geschehen wird analytisch auf zwei getrennten, aber stets miteinander in Beziehung stehenden Ebenen konzipiert: Makro- und Mikro-Ebene[257] – wobei das Handeln individueller Akteure auf der Mikro-Ebene die methodologische Basis des Modells darstellt. Mehrebenen-Differenzierung ist beim MSE also gegeben. Und über diese „einfache" Zweiebenen-Differenzierung hinaus lässt sich das Grundmodell, wie oben aufgeführt, horizontal auch noch erweitern, etwa über das Einziehen einer oder mehrerer Meso-Ebene(n). Das Handeln von Akteuren trägt das MSE, so lässt sich ebenfalls mit Fug und Recht behaupten.

Eine entscheidende Anforderung des Mechanismus-Konzepts in diesem Punkt war jedoch, dass immer auch die interaktiven, wechselseitigen Beeinflussungen mehrerer Akteure berücksichtigt werden müssen, so dass der Mechanismus als soziales Wechselhandeln regulierende Institution fungiert.[258] Denn: „Soziale Folgen [...] hängen zu einem hohen Grade davon ab, wie die individuellen Teile wechselwirken."[259] Die Frage ist, ob – und falls ja, wie – das MSE diese Vorgabe umsetzt. Prinzipiell legt die Unterscheidung zwischen Makro- und Mikro-Ebene nahe, dass auf der Makroebene soziale Phänomene, Strukturen etc. zu finden sind, die sich aus interagierenden Handlungen vieler Akteure speisen. Also kann man festhalten, dass sowohl in der Sozialen Situation, wie auch im kollektiven Explanandum, ganz selbstverständlich Strukturen, Abläufe etc. des interaktiven Zusammenhandelns von Individuen formalisiert werden. Für die Mikro-Ebene hingegen gilt: „Gegenstand ist hier der je einzelne Akteur [...]."[260] Man sollte diese Setzung allerdings so verstehen, dass sie lediglich der vereinfachten Analyse des betont „kollektiven" Explanandums dient und nicht eine absolute Abschottung des Individuums vor den Einflüssen anderer Akteure darstellt. Bedeutet im Klartext: Auch die Mikro-Ebene hat soziale Referenz.[261] Die Logik der Selektion

256 Ebenda, S. 27.

257 Vgl. Greshoff, Soziologische Grundlagen kontrovers, S. 81f.

258 Vgl. Schmid, Zur Logik, S. 49. Siehe oben, Kapitel 2.2.3 dieser Arbeit, S. 13.

259 Hedström, a.a.O., S. 111.

260 Greshoff, Verstehen und Erklären bei Esser, S. 420.

261 Vgl. Ebenda.

hängt, vermittelt über die Brückenhypothesen, ab von Interaktionen mit anderen Akteuren[262], außerdem beeinflusst das Handlungsergebnis – vermittelt über Transformationsregeln – das Handeln anderer Akteure innerhalb des kollektiven Explanandums.

Wenn man dezidiert das Zusammenhandeln von *zwei* unterschiedlichen, individuellen Akteuren modellieren möchte, kann man natürlich die unter 3.2.2 bereits vorgestellte In-Reihe-Schaltung mehrerer „Badewannen" leicht modifizieren, indem dann zwei Akteure nacheinander jeweils abwechselnd auf neu entstehende soziale Situationen einwirken und diese zum Ausgangspunkt der nächsten Reaktionshandlung des jeweils anderen machen.[263] Zudem bietet sich wiederum die vertikale Erweiterung des Grundmodells mit Einführung einer oder mehrerer Meso-Ebene(n) an, um die Entwicklung beliebig großer Akteurs-Interaktionssysteme in den Fokus zurücken. Dem möglichen Kritikpunkt, dass mit der „Logik der Aggregation" streng genommen gar keine „richtige" Interaktion modelliert würde[264], lässt sich mit diesen Modell-Erweiterungsmöglichkeiten ganz pragmatisch begegnen.[265]

---

262 Mehrere Akteure können interaktiv z.B. eine „kollektive Definition" der Situation erzeugen. Dies geschieht über bestimmte Formen der Ko-Orientierung, symbolische Interaktion und Kommunikation. Vgl. Esser, Spezielle Grundlagen 1, S. 162; S. 167ff.

263 Vgl. die Darstellung bei Rainer Greshoff: Greshoff, Verstehen und Erklären bei Esser, S. 421.

264 In der Tat beinhalten die Transformationsregeln nicht zwingend eine modellierte Mehr-Akteurs-Interaktion, sondern sie sind „ganz allgemein gesagt, nichts anderes, als im Prinzip logische Argumente, über die sich in Kombination mit gewissen formalen und empirischen Annahmen, individuelle Effekte in einen kollektiven Sachverhalt überführen lassen." Esser, Spezielle Grundlagen 2, S. 13. Das lässt freilich genügend Raum, im Rahmen dieser Transformations-Argumente „Transformationsbedingungen" deskriptiver bzw. kausaler Art zu formulieren, um von institutionellen (Abstimmungs-)Regeln bis hin zu ganzen Ketten an Aushandlungsprozessen etc. alle möglichen Interaktionsformen und deren kollektive Auswirkungen berücksichtigen zu können. Vgl. Esser, Bringing society back in, S. 261f.

265 Überdies entspricht es der Gesamtlogik des MSE, schon aus Gründen der Komplexitätsreduktion auf der Mikroebene das Verhalten eines *typischen* Akteurs (statt mehrerer realer Personen) zu analysieren. Während der Logik der Aggregation stellt sich lediglich die Frage, welche Folgen dieses typische Handeln für das kollektive Explanandum hat – im Zusammenspiel mit anderen typischen Akteuren. Vgl. Albert, der davon ausgeht, dass der Akteur der Mikro-Ebene für eine ganze Anzahl typischer Akteure stehe. Albert, Gert: Sachverhalte in der Badewanne. Zu den allgemeinen ontologischen Grundlagen des Makro-Mikro-Makro-Modells der soziologischen Erklärung. In: Greve, Jens/Schnabel, Annette, Schützeichel, Rainer (Hrsg.): Das Mikro-Makro-Modell der soziologischen Erklärung. Zur Ontologie, Methodologie und Metatheorie eines Forschungsprogramms. VS Verlag für Sozialwissenschaften, Wiesbaden, 1. Auflage 2008, S. 23.

3.2.4 Regelmäßigkeit des strukturellen Auftretens / Generalisierbarkeit im MSE?

Das MSE erhebt für sich den Anspruch, seiner Struktur nach regelmäßig, seinem modellierten (Grund-)Ablauf nach verallgemeinerbar und in der Anwendung über den Einzelfall hinausgehend, aufzutreten. Das ist auch nicht weiter verwunderlich, stellt es doch ein umfassendes und allgemeines Erklärungsprogramm für die Sozialwissenschaften dar, ein Analyseraster, mit dem sich seinem Anspruch nach beliebige kollektive Phänomene erklären lassen. Angewendet auf konkrete historisch-empirische Fälle, ist zumindest ein Ziel des MSE jedoch ebenfalls, regelmäßige, verallgemeinerbare Ergebnisse zu erzielen, die über den Einzelfall hinausgehen.

So stellt sich dem Forscher im Lichte der Anwendung des MSE laut Esser explizit die Frage „nach inhaltlichen Gleichförmigkeiten bei sozialen Erscheinungen und Prozessen [...]."[266] Darüber hinaus gelte es, nach formal ähnlichen Konstellationen zu fahnden, die unter ganz verschiedenen inhaltlichen Verkleidungen und zu sehr unterschiedlichen historischen Situationen auftreten.[267] Selbstverständlich wäre man mit dem MSE auch in der Lage, historisch einmalige Prozessverläufe und soziale Bewegungen zu analysieren.[268] Jedoch schwingt eine darüber hinausgehende Transzendierung der Erklärungsergebnisse grundsätzlich immer mit, da auf der Badewannen-Mikroebene zwingend eine Handlungstheorie Verwendung findet, die, um den Anforderungen einer deduktiv-nomologischen Erklärung zu genügen, Gesetzescharakter aufweist und damit allgemeingültig sein will.[269]

Auch beim Mikro-Makro-Übergang, der Logik der Aggregation, spielt das Aufdecken verallgemeinerungsfähiger Abläufe eine Rolle: So gibt es laut Esser bereits eine Reihe idealisierter Konstellationen aggregierter Folgen, die – falls die jeweiligen Anwendungs-Bedingungen gegeben sind – auch in anderen Fällen als komplette Module bestimmter Aggregationen verwandt werden können.[270] Schließlich macht es Sinn, den Kreis zu schließen und das Generalisierungsziel auch auf den ersten Badewannenschritt und auf das MSE insgesamt anzuwenden: Dem Sozialwissenschaftler obliegt dann die Aufgabe, abstrakte, gleichzeitig auf bestimmte inhaltliche Konstellationen zugeschnittene Modelle ganzer Situa-

---

266 Esser, Allgemeine Grundlagen, S. 88.

267 Vgl. ebenda.

268 Vgl. ebenda, S. 82.

269 Vgl. Esser, TmR heute, S. 132.

270 Vgl. Ders., Spezielle Grundlagen 1, S. 16. Esser zählt auf: Modelle der Spieltheorie, Gleichgewichtsmodelle der Ökonomie, typisierte Abläufe und Sequenzen, etwa Diffusion und Ansteckung.

tionslogiken – inklusive der drei MSE-Teilschritte – zu fertigen und diese auf andere, vergleichbare Felder zu übertragen.[271]

3.2.5 Reflexivität / Rekursivität im MSE?

Der Mechanismus-Baustein „Reflexivität" erfordert den Rückbezug einer sozialen Struktur auf sich selbst bzw. das Einwirken des Mechanismus-Prozesses auf seinen eigenen Ablauf. Übertragen auf das MSE wird von Maurer der Vorschlag gemacht, die Badewanne zu erweitern durch einen vierten Erklärungsschritt, „[…] der eine explizite Rückschleife zur Anfangssituation herstellt und eine typische Änderung in den relevanten Situations-Faktoren aus dem vorangegangenen Handeln ableitet […]."[272]

Eine solche Darstellung ist aber aus mehreren Gründen problematisch: Sie suggeriert zum einen eine Wirkung von Strukturen direkt auf Strukturen. Damit wäre aber die klare analytische Setzung des Grundmodells – keine direkte Makro-Makro-Verbindung! – rekursiv ausgehebelt. Stattdessen drohte das, was Esser als „Kollektivistischen Fehlschluss"[273] bezeichnet und einem Verstoß gegen den Methodologischen Individualismus entspräche: Die Behauptung, dass es „irgendwelche makrosoziologischen Gesetze sui generis gebe, die die Änderung der Strukturen unabhängig von Akteursbezügen plausibel zu machen vermöchten."[274] Nein, diese Vorstellung sollte man getrost zurückweisen[275] und stattdessen mit Greshoff davon ausgehen, dass Strukturveränderungen nur über eine Veränderung der diese Strukturen ausmachenden Erwartungen von Alter und Ego (usw.) erfolgen können.[276] Eine wie auch immer geartete Rückwirkungsverbindung von Makro auf Makro müsste also selbst mikrofundiert (tiefenerklärt)

---

271 Vgl. Ders., TmR heute, S. 139ff. In Erweiterung dieses Vorgehens plädiert Esser für die Entwicklung sogenannter „Strukturmodelle", bzw. „Strukturtheorien", die über bloße formale Modelle hinausgehen und auf ganze Klassen inhaltlich spezifischer Phänomene anwendbar wären. Vgl. ebenda, S. 142ff.

272 Maurer, Soziale Mechanismen, S. 153; S. 151; 158f.

273 Esser, Hartmut: Verfällt die „soziologische Methode"? In: Esser, Hartmut: Soziologische Anstöße. Campus Verlag Frankfurt/New York 2004, S. 39 (im Folgenden zitiert als: Esser, Verfällt die soziologische Methode?)

274 Ebenda.

275 Im Gegenteil: Statt eine strikte ontologische Ebenentrennung zu praktizieren (wie dies im Rahmen einer nicht mikrofundierten Rückwirkungsfunktion der Fall wäre), sollte man eher davon ausgehen, dass es die beiden Ebenen (Mikro und Makro) sind, die untrennbar miteinander verbunden erscheinen und in einer rekursiven Beziehung stehen. Vgl. Frings, Cornelia: Soziales Vertrauen. Eine Integration der soziologischen und der ökonomischen Vertrauenstheorie. VS Verlag für Sozialwissenschaften, Wiesbaden 2010, S. 95.

276 Vgl. Greshoff, Soziologische Grundlagen kontrovers, S. 83. Das deckt sich mit Essers Vorstellung von Strukturen als von individuellen Akteuren „produzierten" Phänomenen. Vgl. Esser, Verfällt die soziologische Methode, S. 39.

vorgehen und damit ihrer Form nach einer weiteren Badewanne entsprechen[277], um überhaupt modelllogisch widerspruchsfrei funktionieren zu können.

Ein anderes Problem bliebe auch damit allerdings weiter bestehen: Die Gefahr eines tautologischen Zirkelschlusses. Denn wenn man dem MSE die Modellierung einer Ursache-Wirkungsverknüpfung und damit zeitliches Nacheinander der einzelnen Erklärungsschritte zugesteht, machte es keinen Sinn, nach dem dritten einen vierten „Rückwirkungsschritt" angeben zu wollen, der auf einen Zeitpunkt vor oder zu Beginn des ersten Erklärungsschrittes zurückverweist. Ein Startpunkt der Erklärung ließe sich damit überhaupt nicht mehr bestimmen und, schlimmer noch, Explanans und Explanandum müssten sich wechselseitig neutralisieren. Nein, die eingeforderte „Rückwirkung" stellt in zeitlich-logischer Perspektive natürlich eine „Vorwärtswirkung" dar.

Man könnte zur „Rettung" der Rückschleife (bzw. des Rückwirkungspfeils) nun noch versuchen, diese als eine etwas abstrakt-kryptische Darstellung für etwas zu verstehen, das völlig ohne zeitlichen Bezug, ohne Kausalwirkung und ohne den anderen Pfeilen bzw. Verbindungslinien zwischen den Modellebenen zu entsprechen, am Ende eines MSE-Durchlaufs einfach da*ist*. Und das schlicht die (von Maurer als Ziel einer Rückschleifen-Angabe genannte) Erkenntnis beinhaltet, eine „typische Änderung in den relevanten Situationsfaktoren aus dem vorhergegangenen Handeln [...]" ableiten zu können, „[...] sodass typische Handlungsanreize entstehen und den Ablauf in Gang halten."[278] Es stellte sich dann aber die Frage, was das genuin Besondere einer so verstandenen Rückwirkung/ Rekursivität ausmachte, etwas, das nicht ohnehin standardmäßig im Rahmen des MSE oder seiner Prozessform zu erklären wäre!?

Denn das *ist* die mehr als plausible Alternative: Statt eine Badewanne auf den Kopf zu stellen und sie einer anderen dann überzustülpen (verbunden mit tautologischen Problemen dieser Darstellung), erschiene es doch sinniger, die Badewannen nebeneinander in Reihe geschaltet zu platzieren, also das MSE um seine Prozessform horizontal zu erweitern und somit auch der Erkenntnis Rechnung zu tragen, dass soziale Phänomene immer Prozesse sind und niemals historisch losgelöst für sich genommen auftreten. Statt nebulös von „Rekursivität" zu sprechen, sollte man also besser von prozessualer „Vorwärtswirkung" ausgehen. Und siehe da: In dieser Vorstellung einer MSE-Prozesskette besteht dann zwischen den kollektiven (Zwischen-)Explananda und den daran unmittelbar anschließenden neuen Situationslogiken auch überhaupt kein Platz mehr für einen erweiternden oder konkurrierenden „Rückwirkungsschritt": Bestenfalls kommen hier nämlich zusätzliche externe Einflüsse zum Tragen. Und die Prozessform kann auch alles, was die mechanismische Rekursivitätsvorstellung verlangt: Nämlich die Modellierung des wechselseitig ausgerichteten Handelns der Akteure und

277 Womit eine einfache „Pfeil"-Darstellung ausscheidet.

278 Maurer, Soziale Mechanismen, S. 153.

die sich daraus ergebenden Struktureffekte, Schritt für Schritt, in ihrer Entwicklungsdynamik gedacht – also in Richtung einer Stabilisierung[279], oder aber Veränderung – zu ermöglichen.[280]

Reflexivität/Rekursivität lässt sich also, als Vorwärtswirkung verstanden, problemlos im horizontal erweiterten MSE modellieren[281], was ganz im Sinne Maurers[282] selbstverständlich „einfache Wiederholungsschleifen" oder aber „Steigerungsdynamiken" ermöglicht. Umgekehrt gilt aber auch: Vor dem Hintergrund des MSE und seiner Logik spricht einiges dafür, Rekursivität nicht länger als zusätzliches, eigenständiges (Definitions-)Merkmal von Mechanismen betrachten zu müssen, sondern als etwas, das mit dem Mechanismusbaustein „Prozessform" bereits bestens erfasst wird.

3.3 Modellierung mechanismischer Erklärungen: Auf Basis des MSE möglich?

Nachdem die zentralen Bausteine des Mechanismus-Konzeptes in die Sprache des MSE überführt wurden und gezeigt werden konnte, dass sie bestens mit den dortigen Modellannahmen harmonieren[283], folgt nun der Blick auf die beiden prominenten Modellierungsvorschläge zu mechanismischen Erklärungen von Peter Hedström und Michael Schmid: Auch diese sollen nun überprüft und diskutiert werden hin auf ihre Integrationsfähigkeit in das Essersche MSE. Es geht dann zum einen um die Frage, ob und ggf. wie sich die einzelnen angeregten Untersuchungsebenen bzw. Modellierungsschritte im MSE wiederfinden oder auf seiner Basis realisieren lassen. Und zum anderen dient die „Brille des MSE" wiederum als Analyse- und Konfrontationsmaßstab, um die vorgefundenen Vorschläge kritisch spezifizierend zu beleuchten.

---

279 Esser selbst hat als Anwendungsbeispiel der MSE-Prozessform die Erklärung der Entstehung und Aufrechterhaltung von Gleichgewichtszuständen, etwa von Gesellschaft als gleichgewichtigem System, im Blick. Vgl. Esser, Spezielle Grundlagen 1, S. 18.

280 Das beinhaltet auch Florians Verständnis von Reflexivität als „Prozess, in dessen Ablauf nur unter bestimmten näher zu erklärenden Bedingungen ein sich selbst verstärkender oder vermindernder Effekt kausal wirksam wird." Florian, a.a.O., S. 166.

281 Auch Schmid räumt ein, dass der von ihm – trotzdem geforderte (!?!) – Rekursivitäts-Schritt der Dynamisierung einer im MSE verfassten Mehrebenenerklärung entspreche. Vgl. Schmid, Das Aggregationsproblem, S. 140; Schmid, Die Logik, S. 132 (auch FN 947). Dies dergestalt, dass man „[...] die Explananda-Sachverhalte des ersten Durchgangs einer soziologischen Erklärung als Ausgangssituation (oder Randbedingung) des weiteren Erklärungsversuchs dafür verbuchen kann, wie sich die Akteure an ihre nunmehr veränderten Umstände anpassen [...]." Schmid, Die Logik, S. 132.

282 Vgl. Maurer, Soziale Mechanismen, S. 160.

283 Reflexivität/Rekursivität wurde dabei als „überflüssiger" Sonderfall des Mechanismus-Bausteins „Prozessform" erkannt.

3.3.1 Peter Hedströms Modellierungsvorschlag auf Basis des MSE möglich?

Die von Hedström geforderte, basale (und zunächst nicht weiter spezifizierte) Unterscheidung dreier Komponenten einer „erklärenden Theorie“ (und damit einer mechanismischen Erklärung[284]) – einer individuellen Handlungskomponente, einer Komponente für die Interaktionsstruktur und einer Komponente, die Mikrohandlungen auf Makroergebnisse bezieht – lässt sich m. E. problemlos über das MSE realisieren: Die Handlungskomponente entspricht dann der „Logik der Selektion“ bzw. der unterlegten Handlungstheorie. Die Verbindung der Mikrohandlungen mit den Makroergebnissen wird modelliert über die „Logik der Aggregation“.[285]

Die Komponente, die die Interaktionsbeziehungen und -strukturen erfasst, findet sich auf Anhieb nicht direkt als eigenständiger Erklärungsschritt im MSE wieder. Das bedeutet aber nicht, dass Esser solche Interaktionsverhältnisse bei der Konstruktion des MSE übersehen hätte: „Die Abstützung des sozialen Geschehens einer Interaktion geschieht [...] insbesondere dadurch, dass das sichtbare Handeln von den Akteuren als Anzeichen für bestimmte, immer ja nur innerlich vorgestellte Handlungen und damit verbundene Situationsdefinitionen gewertet wird.“[286] D.h. schon über die Situationsdefinitionen können durch wechselseitige Beobachtung der Interaktionspartner z.B. Abstimmungsregeln antizipiert und im Rahmen der Logik der Situation dann entscheidungswirksam verinnerlicht werden. Auch im Rahmen der Logik der Aggregation spielen diese Interaktionsstrukturen je nach Bedarf[287] wieder eine Rolle, etwa indem hier Ab-

284 Wie bereits weiter oben konstatiert, benutzt Hedström den Theoriebegriff oft synonym zum Erklärungsbegriff. Er präferiert dann mechanismenbasierte (Erklärungs-) Theorien und meint damit im Kern „mechanismische Erklärungen“. Vgl. Hedström, a.a.O., S. 41, 52, 55.

285 Quasi in Gegenrichtung verbindet die Logik der Situation im MSE ebenfalls Makroereignisse mit Mikrohandlungen. Da Hedström explizit von „Makroergebnissen“ spricht, scheint er an dieser Stelle den Fokus allein auf die Aggregationsverhältnisse zu legen. Spätestens aber, wenn man Mechanismus-Erklärungen als Prozessketten der Badewanne anlegen möchte, muss man die Mikro-Makro-Verknüpfungen spiegelbildlich auch als Makro-Mikro-Verknüpfung anlegen – und Hedströms Komponente (3) lässt sich nur zusammengenommen auf Basis der beiden Erklärungsschritte „Logik der Situation“ und „Logik der Aggregation“ formulieren.

286 Esser, Soziologie, Spezielle Grundlagen 1, S. 194. Esser geht noch weiter und schreibt, die Definition der Situation sei „stets eine Angelegenheit der interaktiven Konstitution“. Erst über bestimmte Formen der Ko-Orientierung, der symbolischen Interaktion und der Kommunikation könnten Akteure überhaupt zu einem stabilen Bild ihrer sozialen Umgebung und ihrer selbst kommen. Vgl. ebenda, S. 167.

287 D.h. immer abhängig vom gewählten Explanandum und bereits erklärten individuellen Handlungseffekten

stimmungsregeln als analytische Argumente bei der Mikro-Makro-Transformation berücksichtigt werden.[288]

Will man die Interaktionsstrukturen explizit zum (Teil-)Explanandum erheben, bietet es sich an, sie in einem vertikal erweiterten MSE auf der Meso-Ebene zu verorten.[289] Damit wäre prinzipiell auch der Hedströmschen Forderung Genüge getan, elementare Intra-Akteur-Mechanismen als Teil der Handlungskomponente hierarchisch eingebettet in molekulare Inter-Akteur-Mechanismen (entsprechend der Interaktionsstrukturkomponente) modellieren zu lassen.

Ganz ähnlich dem MSE und mit ausdrücklichem Verweis auf die Colemansche „Badewanne" verfährt auch der von Hedström und Co-Autoren gemachte Vor-

---

288 Vgl. Esser, Verfällt die Soziologische Methode, S. 37. In dieser Sichtweise besteht auch eine Antwort auf die Frage, die Greve/Schnabel/Schützeichel (indirekt) formuliert haben, als sie konstatierten, es gebe noch immer verschiedenste Definitionen und Vorstellungen darüber, was „Mikro" und „Makro" bedeute und entsprechend stifte die Badewanne Verwirrung, wenn es um die Frage gehe, ob Interaktionen der Mikro- oder der Makroebene zuzurechnen seien. Vgl. Greve, Jens/Schnabel, Annette/Schützeichel, Rainer: Einleitung zur Ad-hoc-Gruppe: Zur Ontologie der >>Badewanne<< – sozialtheoretische Probleme des Makro-Mikro-Makro-Erklärungsmodells. In: Rehberg, Karl-Siegbert (Hrsg.): Die Natur der Gesellschaft: Verhandlungen des 33. Kongresses der Deutschen Gesellschaft für Soziologie in Kassel 2006. Campus Verlag, Frankfurt am Main 2008, S. 4182. Die Antwort ist ganz einfach: Interaktionen sind WEDER der Mikro-, noch der Makroebene zuzuordnen. Auf der Mikroebene findet sich das Handeln einzelner Akteure. Wenn man die Badewanne entsprechend auffaltet, finden sich dort mehrere Akteure UNVERBUNDEN nebeneinander auf Parallel- (oder auch Gegen-)Kurs. Auf der Makroebene wiederum finden sich HandlungsFOLGEN bzw. Voraussetzungen für den nächsten prozessualen Handlungsschritt, also z.B. gemeinsam geteilte Strukturen, Normen, Regeln, bzw. noch weiter gedacht, Verteilungsergebnisse, dich sich hieraus ergeben. Deshalb heißt es bei der Aggregation auch „Transformationsregel": Hier werden individuelle Handlungseffekte in etwas ontisch anderes, nämlich kollektiv geteilte Handlungsfolgen „transformiert" (vgl. auch Mayntz, Soziale Mechanismen, S. 215). Zusammenhandeln bzw. Interaktionen werden im Grundmodell also nur indirekt, über die Logik der Situation und über die Logik der Aggregation berücksichtigt. Wenn man hingegen an der konkreten Modellierung von Interaktionsabläufen interessiert ist, bietet sich dazu das horizontal erweiterte „Prozess"-MSE an: Über mehrere hintereinander geschaltete Badewannen lässt sich das wechselseitige Zusammenwirken- und Handeln mehrerer Alters und Egos wunderbar erklären. Vgl. dazu sehr anschaulich und ausführlich erklärt: Greshoff, Rainer: Aufklärung und Integration von Theorienvielfalt durch methodische Theorienvergleiche – Die Esser-Luhmann-Kontroverse als Beispiel. In: Balog, Andreas/Schülein, August (Hrsg.): Soziologie, eine multiparadigmatische Wissenschaft. Erkenntnisnotwendigkeit oder Übergangsstadium? In: VS Verlag für Sozialwissenschaften, Wiesbaden, 1. Auflage 2008, S.199ff. (im Folgenden zitiert als: Greshoff, Aufklärung und Integration).

289 Vgl. entsprechend Esser, der ausdrücklich vorsieht, in einem solchen Mehrebenenmodell auch „komplexe Interdependenzen" als Zwischenebene zwischen den Strukturen der Gesellschaft und dem Handeln der Akteure einzuziehen. Vgl. Esser, Spezielle Grundlagen 1, S. 16f.

schlag[290], das Mikro-Makro-Geschehen einer mechanismischen Erklärung in drei Modellierungsteilschritte zu zerlegen: Die *situational mechanisms* erscheinen äquivalent dem Makro-Mikro-Übergang im Rahmen der Logik der Situation, die *action-formation mechanisms* entsprechen prinzipiell dem Mikro-Geschehen im Rahmen der Logik der Selektion und die *transformational mechanisms* erfüllen die Funktion des Mikro-Makro-Übergang ähnlich der Esserschen Logik der Aggregation. Damit entspräche das Gesamt-Modell einer mechanismischen Erklärung dem Komplettdurchlauf einer Badewanne.[291]

Man darf sich allerdings wundern, warum Hedström selbst dem Interaktionsgeschehen bzw. den daraus sich entwickelnden Strukturen in diesem Schema keinen eigenständigen Erklärungsschritt bzw. eine Meso-Zwischenebene einräumt, wie es weiter oben angeregt wurde und wie seine eigenen Äußerungen es ja auch eindeutig nahelegen![292] Stattdessen bleibt unklar, an welcher Stelle des Dreischritts er die Inter-Akteur-Mechanismen bzw. Interaktionsstrukturen verorten möchte.[293] Deshalb wird hier für eine Erweiterung des Dreischritts um einen vierten bzw. fünften[294] Schritt entsprechend obiger Darlegungen plädiert[295] (vgl. Abbildung 3).

---

290 Vgl. Hedström/Swedberg, a.a.O., S. 22; Hedström/Ylikoski, a.a.O., S. 59.

291 Vgl. auch Bornmann, S. 26, 32; Schmid, Die Logik, S. 106f.

292 Verwiesen sei auf die entsprechend zitierten Textstellen weiter oben in Kapitel 2.3.1.

293 Obwohl nicht ausdrücklich erwähnt, darf man mutmaßen, dass Hedström die Interaktionen im Bereich der action-formation mechanisms auf dem Boden der Badewanne ansiedelt. Dafür spricht, dass Hedström neben Handlungstheorien auch mögliche Interaktionstheorien gleichwertig als Fundament erklärender, mechanismenbasierter Theorien ansieht. Vgl. Hedström, a.a.O., S. 98. Zudem legen seine Formulierungen nahe, dass er dem anschließenden dritten Modellierungsschritt, nämlich den transformational mechanisms, schon das interagierende Handeln mehrerer Akteure als Startpunkt zugrunde legt (vgl. Hedström/Swedberg, S. 23), d. h. es müsste zeitlich vorher erklärt werden. Es ist aber dennoch nicht gänzlich auszuschließen, dass Hedström – wie Esser in der Grundvariante des MSE – das Interaktionsgeschehen ebenfalls als Teil der transformational mechanisms begreift. Das wäre insofern sinnvoller, da man mit Schmid bezweifeln darf, dass es autonome „Interaktionstheorien“ unabhängig von zugrundeliegenden Handlungstheorien überhaupt gibt und geben kann (vgl. Schmid, Mechanismische Erklärungen, S. 54) und dann der „Boden“ der Modellierung immerhin dem theoretischen (nomologischen) Kern der Erklärung vorbehalten bliebe.

294 Der vierte Schritt wird erforderlich durch das Einziehen einer Meso-Ebene für Interaktionsstrukturen zwischen den individuellen Handlungseffekten und dem kollektiven Explanandum. Dadurch wird die Logik der Aggregation aufgeteilt. Ein fünfter Teilschritt kommt dann hinzu, wenn man zusätzlich bereits auf der linken Seite der Badewanne zwischen Sozialer Situation und individuellem Akteur Interaktionsstrukturen als Meso-Ebene einführt; dort dann zwischen Interaktionsstrukturen (Meso) und Akteur (Mikro) – denn eine direkte Wirkung Makro auf Meso macht keinen Sinn. Vgl. Esser, Allgemeine Grundlagen, S. 114.

Abbildung 3: *Das Mechanismus-Modell von Peter Hedström auf Basis des MSE*

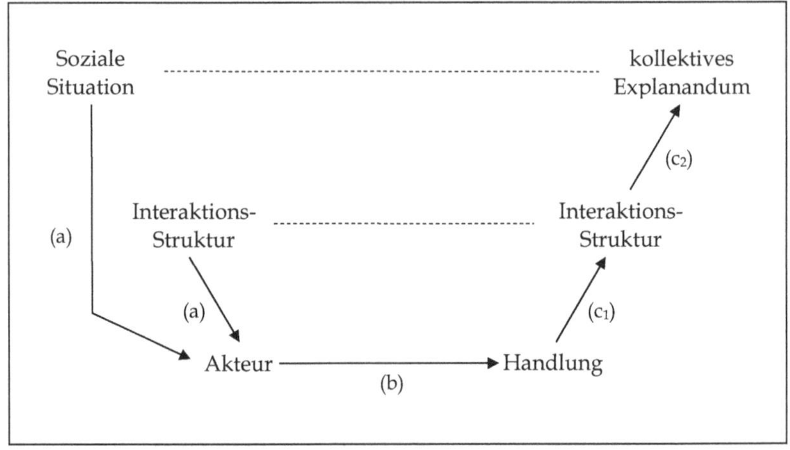

(a) situational mechanisms (Logik der Situation)
(b) action-formation mechanisms (Logik der Selektion)
(c12) transformational mechansims, auf Basis von ECA- Modellen (Logik der Aggregation)

Quelle: Eigene Darstellung

Vergleicht man die drei Modellierungs-Teilschritte nach Hedström ((a) bis (c)) mit ihren entsprechenden Pendants im MSE, zeigen sich zum Teil deutliche Unterschiede sowohl im Grad ihrer (inhaltlichen) Bestimmtheit bzw. Spezifizierung, als auch in ihrem Bezug aufeinander bzw. ihrer unmittelbaren „Verzahnung" zum gesamten Erklärungsargument: So ist mit Blick auf die Modellierung Hedströms kritisch etwa von „Unbestimmtheiten"[296], „theoretischer Unterbestimmtheit"[297], zu viel Abstraktion[298] und insgesamt fehlender „deduktiver Schärfe"[299] die Rede. Als Ursache wird auf die unspezifische, beliebige Konzeption der Abläufe auf der individuellen Akteurs-Ebene verwiesen[300], es fehle dort der „feste, erklärende Kern"[301].

295 Bei Bedarf kann man diese vertikal erweiterten Badewannen natürlich auch horizontal in Reihe schalten.

296 Greshoff, Sozialtheoretische Konzepte Hedströms, S. 79.

297 Maurer, Die Analytische Soziologie, S. 172, 175.

298 Vgl. Greshoff, Sozialtheoretische Konzepte Hedströms, S. 74.

299 Vgl. Maurer, Die Analytische Soziologie, S. 172. Die Autorin sieht durch diese „deduktive Unschärfe" die Möglichkeit schwinden, „[...] Ursachen für soziale Prozesse eindeutig angeben und Nebenbedingungen unterscheiden zu können." Ebenda.

300 Vgl. Greshoff, Sozialtheoretische Konzepte Hedströms, S. 79; Maurer, Die Analytische Soziologie, S. 175.

301 Maurer, Die Analytische Soziologie, S. 172.

Damit rücken die elementaren, action-formation mechanisms (b) in den Fokus, die in der Tat wesentlich offener, variabler angelegt erscheinen, als das, was Esser mit seiner „Logik der Selektion“ im Blick hat: Indem Hedström hier auf prinzipiell beliebig veränderbare Kombinationen handlungsleitender desires, beliefs und opportunities setzt – („but [...] does not offer an informative theory about these interdependencies“[302]) – eine feste Entscheidungsregel, wie etwa der Nutzenmaximierung, ablehnt[303] und damit größtmögliche Modellierungsflexibilität anstrebt, vergibt er aber zugleich die Chance, einen handlungstheoretischen, nomologischen Erklärungs-Kern modellierungsleitend und –strukturierend zu verwenden.

Zum Vergleich: Essers (und Kronebergs) FST erklärt nicht nur die finale Wahl einer ouverten Handlung, sondern auch, wie und warum Akteure (zuvor) ihre Situation definieren, d. h. welches Situationsmodell sie über Frame und Skript wählen, außerdem, in welchem Modus der Informationsverarbeitung die Akteure ihre Situationsdefinition treffen. Sogar der mögliche Wechsel von einem gewählten Modell der Situation bzw. Modus der Infoverarbeitung zu einem anderen wird im Rahmen der FST konzipiert und erklärt.[304] Alle diese Selektionen sind überdies ihrem Anspruch nach deduktiv-nomologische im Sinne Hempel und Oppenheims[305] – damit bietet die FST die Möglichkeit einer eng verschränkten, theoretisch angeleiteten Verbindung zwischen Logik der Situation und Logik der Selektion „aus einem Guss“.

Demgegenüber bleiben Hedströms DBO-Konstellationen als elementare Mechanismen Ad-hoc-Hypothesen[306], Erklärungen der individuellen Situationsdefi-

---

302 Opp, Karl-Dieter: Book Review: Peter Hedström: Dissecting the Social. On the Principles of Analytical Sociology. In: European Sociological Review 23, Nr. 1 2007, S. 118 (im Folgenden zitiert als: Opp, Book Review Hedström).

303 Was ihn freilich nicht hindert, bei konkreten Erklärungsproblemen doch eine solche zu benutzen und das Zusammenwirken der DBOs im Sinne einer engen Rational Choice-Theorie zu konkretisieren – vgl. Diekmann, S. 195, 202. Opp vermutet sogar, Hedström verschleiere seine Zugehörigkeit zum RC-Ansatz, um damit sein Forschungsprogramm zu profilieren: „A new trade name has been created that refers to an old product, namely the rational choice approach.“ (Opp, Book Review Hedström, S. 118) An anderer Stelle kommt Opp – wie auch Diekmann (vgl. Diekmann, S. 195ff.) – im Zuge einer vergleichenden Gegenüberstellung der zentralen Einflussgrößen Desires, Beliefs, Opportunities mit Präferenzen (preferences), wahrgenommenen Handlungsrestriktionen (perceived constraints) und wahrgenommenen Handlungsalternativen (behavioural opportunities) zu dem Schluss, dass diese sich inhaltlich entsprächen und deshalb eine um Nutzenmaximierung erweiterte „starke“ DBO-Theorie äquivalent sei zur (weiten) Version von Rational Choice. Vgl. Opp, What is Analytical Sociology, S. 342f..

304 Vgl. Greshoff, Sozialtheoretische Konzepte Hedströms, S. 84.

305 Vgl. ebenda.

306 Vgl. Maurer, Die Analytische Soziologie, S. 304.

nitionen werden komplett ausgeblendet[307], die konkreten DBO-Eingangswerte auf der Mikroebene stattdessen lediglich empirisch-statistisch erhoben (z.B. über Einstellungsmessungen bei den Akteuren)[308] und man fragt sich, wie Hedström ohne einen genau definierten Handlungs- bzw. Entscheidungskern die handlungsrelevanten objektiven Situationsfaktoren überhaupt ausfindig machen will.[309] Auch die Modellierung der Interaktionen krankt an dieser janusköpfigen Flexibilität/Unbestimmtheit.[310] Beinahe euphorisch werden im Vergleich dazu Hedströms Versuche beurteilt, mittels empirisch kalibrierter, multiagentenbasierter Computersimulationen das Aggregationsproblem (im Sinne der der transformational mechanisms (c_{12})) zu lösen.[311] Die vorgeworfenen theoretischen Unbestimmtheiten der ersten beiden Modellierungsschritte (a) und (b) entfalten hier ihre positive Kehrseite und versetzen Hedström in die Lage, Handlungs- und Interaktionsannahmen experimentell nahezu beliebig zu variieren, bis die gewünschten (und empirisch beobachteten) kollektiven Makroeffekte als Explanandum eintreten (siehe oben).[312]

---

307 Vgl. Greshoff, Sozialtheoretische Konzepte Hedströms, S. 77.

308 Vgl. Bornmann, a.a.O., S. 27.

309 Man kann angesichts der entsprechenden Passagen (vgl. Hedström, S. 165ff.) nur mutmaßen, dass hier ad hoc typische sozialstrukturelle Variablen erhoben und „durchgetestet" werden, indem man Regressionsanalysen erstellt und dann versucht, Situationsfaktoren nach und nach „einzukreisen", die die Ds, Bs, und Os signifikant beeinflussen. Vielleicht wird man so nach und nach zu einer Funktion kommen, die eine Verbindung zwischen relevanten Variablen der Makroebene und den DBO der Mikroebene (zufällig) herstellt. Jedoch ist dann noch nicht erklärt, warum diese Zusammenhänge bestehen, insofern bleibt dieser Erklärungsteilschritt (situational mechanisms) aus Sicht des MSE unvollständig. Brückenhypothesen verlangen stets mehr: Sie sollten basierend auf der Handlungstheorie begründet nachvollziehbar angeben können, warum und wie die Makrosituation das Verhalten der Akteure beeinflusst. Regressionsanalysen mögen dann freilich als Analysewerkzeug eines empirischen Tests dieser Brückenhypothesen dienen.

310 Da Hedström dyadische Interaktionen zwischen zwei Akteuren so anlegt, dass die Handlungen eines Akteurs die Handlungen eines Gegenübers variabel direkt über eine Veränderung entweder der Bedürfnisse (D), der Überzeugungen (B) oder der Opportunitäten (O) beeinflussen (vgl. Hedström, a.a.O., S. 69), ergeben sich Probleme insbesondere daraus, dass nicht klar ist, in welchem Bezug die Interaktionen zu relevanten Situationsfaktoren, wie auch zum Aggregationsgeschehen stehen. Denn die handlungsleitenden DBOs eines Akteurs werden in Hedströms Modellierung sowohl durch Situationsfaktoren, als auch – im Rahmen von flexibel gestalteten Interaktionen – durch das Handeln anderer Akteure unmittelbar beeinflusst (dargestellt durch die beiden mit „(a)" gekennzeichneten Pfeile in Abbildung 3). Man erfährt leider weder, in welcher Reihenfolge dies geschieht, noch, wie genau diese „Beeinflussungen" vonstatten gehen.

311 Vgl. etwa Kron/Lazarczyck, a.a.O., S. 119; Maurer, Die Analytische Soziologie, S. 189.

312 Auch Esser spricht sich grundsätzlich für die Verwendung von Computersimulationen im Rahmen komplexer Aggregationen aus, allerdings eher aus dem Grund, nach

Von einem derart unbedarften Herumschrauben an den Annahmen der Handlungstheorie rät Esser hingegen ab: Zwar sei letztlich gleichgültig, welche Handlungstheorie gewählt werde, solange sie die Formulierung von Brückenhypothesen zulasse, empirisch „einigermaßen“ belegt werden könne, allgemein sei und „eine präzise Funktion der Selektion der Alternativen“ angebe.[313] Bevor man allerdings an die abnehmende Abstraktion der Handlungstheorie gehe (damit ist im Prinzip auch eine „Aufweichung“ über zusätzliche, korrigierende Ad-hoc-Annahmen gemeint), solle man tunlichst alle anderen Möglichkeiten[314] ausschöpfen, um Erklärungsanomalien zu beseitigen.[315] Nur über eine einheitliche Mikrofundierung, begründet Schmid, ergebe sich schließlich die Universalität und vielfältige Anwendbarkeit des mechanismischen Erklärungsprogramms.[316]

So laufen auch die ECA-Modelle bzw. -Simulationen Gefahr, einen Großteil ihrer Erklärungskraft einzubüßen, wenn sie das wechselseitige Aufeinanderbeziehen (Interagieren) der Akteure nicht stets im Sinne eines in Reihe geschalteten Prozessmodells des MSE simulieren, bei dem eine verlässlich fixierte Logik der Selektion das Geschehen antreibt und dadurch die Logiken der Situation und der Aggregation für die sich gegenüberstehenden Akteure theoretisch eng verzahnt – und ggf. fortwährend modifiziert.[317] „Erklären“ können die ECA-Modelle aus

---

Bedarf noch realistischere Situationsannahmen verarbeiten zu können. Vgl. Esser, Allgemeine Grundlagen, S. 136.

313 Vgl. ebenda, S. 248.

314 Etwa über eine Korrektur der Brückenhypothesen oder Transformationsregeln – vgl. ebenda, S. 136.

315 Vgl. ibidem.

316 Vgl. Schmid, Die Logik, S. 111. Das Ziel sollte deshalb nicht sein, ständig neue adhoc-Handlungstheorien zu verwenden, sondern durch mehrfache Verwendung der gleichen Handlungstheorie in verschiedenen Kontexten nach und nach Munition zu sammeln, um notwendige Modifizierungen vornehmen zu können, mit dem Ziel, langfristig zu einer oder wenigen, empirisch gut bestätigten, vielfältig einsetzbaren Handlungstheorie(n) für die Sozialwissenschaften zu gelangen. Bei allzu unbeschwerter virtueller Herumbastelei droht im Ergebnis das, was Gerhard Lehmbruch vor geraumer Zeit bereits als Verwendung des „GIGO – Computerprogramms ‚Garbage in, garbage out'“ kritisierte. Vgl. Lehmbruch, Gerhard: „Die Messung des Einflusses von ‚Verteilungskoalitionen': Zu Weedes Überprüfung von Olsons Stagnationshypothese“, in: Politische Vierteljahresschrift 1986, Nr. 27, S. 418.

317 Es muss dabei angegeben werden, wie die Logik der Aggregation wiederum die Ausgangssituation inklusive der Situationsverortung bzw. Situationsdefinition für den nachfolgend handelnden Akteur beeinflusst. Sonst droht ein „autopoietischer Fehlschluss“. Vgl. Esser, Verfällt die soziologische Methode, S. 39. Aggregation, das sei hier noch einmal betont, ist nichts, was man im Sinne des MSE einfach mit „Zusammenhandeln mehrerer Akteure“ übersetzen könnte, nein, sie muss eine tatsächliche „Transformation“ individueller Handlungseffekte in kollektive Ergebnisse (z.B. veränderte Strukturen) erklären können. Dazu sollte man die schrittweise Generierung von Ergebnissen des Zusammenhandelns von Akteuren natürlich berücksichtigen. Und sie

Perspektive des MSE ohnehin nur insofern, als dass sie dem Sozialforscher dabei helfen mögen, das Aggregationsgeschehen anschaulich, d. h. hochauflösend oder in Zeitlupe, zu beobachten. Stets bleibt es aber notwendig, auf Basis dieser Beobachtungen abschließend näherungsweise formale, deskriptive oder kausale Transformationsbedingungen zu formulieren, die als Teil einer Transformationsregel angeben, wie der kollektive Effekt aus den individuellen Handlungseffekten logisch abgeleitet werden kann.[318]

Es lässt sich festhalten: Eine Modellierung mechanismischer Erklärungen entsprechend dem Vorschlag Peter Hedströms ist in ihren Grundkomponenten und Modellierungsteilschritten komplett integrierbar in das MSE. Sie entspricht dann der Form nach einer um eine Meso-Ebene der Interaktionsstruktur erweiterte Badewanne. Anpassungen werden dabei nötig insbesondere beim Übertrag der elementaren bzw. action-formation mechanisms (b) (Hedström) auf die Logik der Selektion (Esser): Die Modelllogik des MSE stellt hier höhere Minimal-Anforderungen in Form einer zusätzlich anzugebenden, eindeutigen Entscheidungs- bzw. Selektionsregel und einer genaueren Bestimmung des Zusammenwirkens der zentralen Einflussgrößen D, B und O.

Auf dieser Basis können Brückenhypothesen formuliert werden, die die Situationsdefinitionen der Akteure im Rahmen der Logik der Situation theoriegeleitet bestimmen helfen und über ein deduktives Argument mit der Logik der Selektion verknüpfen, was über die lediglich Bestimmung einer Einflussfunktion von Sozialstrukturparametern auf individuelle DBOs deutlich hinausgeht. Die im Rahmen von ECA-Modellen beobachteten Aggregationsprozesse bzw. -Muster sollten zudem mathematisch-formal auf einen Nenner gebracht werden, dabei entstehende Interaktionsstrukturen als Mesoebene explizit ausweisen (c_1) und insgesamt als (komplexe) Randbedingungen in die Formulierung einer Transformationsregel einfließen.[319] Zentrale Kritikpunkte und Verbesserungsvorschläge auf Basis des MSE finden sich in Tabelle 1 zusammengefasst:

---

bedarfsweise im Rahmen „kausaler“ Transformationsbedingungen – die als Kürzel für mehrere hintereinander gereihte Badewannen stehen können (vgl. Esser, Bringing society back in, S. 261f.) – auch formalisieren. Aber sequentiell aneinander anknüpfendes Zusammenhandeln selbst wird ausführlich dargestellt auch in der ECA-Simulation erst erklärbar durch den mehrfach hintereinander gereihten Komplettdurchlauf der Badewanne.

318 Vgl. Esser, Bringing society back in, S. 260ff.; Ders., Spezielle Grundlagen 2, S. 13, 16f.

319 Durch das Einziehen der Interaktionsstrukturen als Mesoebene wird die Logik der Aggregation in mehrere Teilschritte (Mikro-Meso (c_1)), (Meso-Makro (c_2)), aufgeteilt. Formal entsprechen sich die einzelnen Verbindungsschritte jedoch: Sie bilden jeweils einen implikativen Schluss mit Verknüpfung einer Transformationsregel – die das kollektive Phänomen (bzw. Meso-Phänomen) auf Basis von Meso-Effekten (bzw. individuellen Handlungseffekten) und zusätzlichen Transformationsbedingungen definiert –, empirisch vorliegenden Meso-Effekten (bzw. individuellen Handlungseffekten) und den als empirisch gültig anzunehmenden Transformationsbedingungen zur Prä-

Tabelle 1: Das Mechanismus-Modell Peter Hedströms: Kritik und Verbesserungsvorschläge

Kritik am Mechanismus-Modell nach Peter Hedström	*Lösungsvorschläge auf Basis des Modells Soziologischer Erklärung (MSE)*
• Erklärung von Interaktionsstrukturen wird als eigenständiger Erklärungsschritt gefordert; es bleibt unklar, an welcher Stelle der Modellierung Hedström diesen verortet	• Erweiterung des Grundmodells um Mesobene: Interaktionsstrukturen beeinflussen die situational mechanisms und werden ihrerseits im Rahmen der transformational mechanisms erklärt
• Inhaltliche Unbestimmtheit der einzelnen Modellierungsteilschritte aufgrund unspezifischer Konzeption der Mikroebene über beliebige DBO- Konstellationen; Entscheidungs-Regel fehlt	• Präzise Entscheidungsregel einführen, damit actionformation mechanisms vorhersagbar werden und sich zugleich die anderen Teilschritte genauer spezifizieren lassen
• Keine erklärende Berücksichtigung von subjektiven Situationsdefinitionen im Rahmen der situational mechanisms.	• Handlungstheorie verwenden (z.B. FST), die den Prozess der subjektive Verortung eines Akteurs in einer Situation bereits miterklären kann
• Flexible, aber unbedarfte agentenbasierte Computersimulationen (ECA-Modelle) zur Bestimmung der transformational mechanisms mit ad-hoc eingeführten Handlungs- bzw. Interaktionsbeziehungen.	• Im Rahmen der ECA-Modelle einheitliche Mikrofundierung verwenden! Beobachtete Aggregationsmuster formal als kausale Randbedingungen einer Transformationsregel ausweisen

3.3.2 Michael Schmids Modellierungsvorschlag auf Basis des MSE möglich?

Die für Michael Schmids Vorschlag zur Modellierung mechanismischer Erklärungen charakteristische Vorstellung einer engen Verzahnung zwischen individuellem Handeln, Abstimmungsmechanismen und Verteilungsstrukturen bestimmt ein generelles Erklärungsziel, welches Schmid mit seiner Modellierung verfolgt: Mithilfe eines auf wechselseitigen Entscheidungshandlungen basierenden Erklärungsarguments zu zeigen, wie Abstimmungsmechanismen über zugrundeliegende handlungsleitende Regeln oder Institutionen bestimmte kollektive Verteilungsfolgen hervorbringen.

Entsprechend fordert er die Berücksichtigung dreier ontologisch unterscheidbarer Modellierungsebenen, einer Handlungsebene, einer Interdependenzebene und einer Strukturebene. Diese drei Ebenen lassen sich, es wurde bereits angedeutet, als Mikro-, Meso- und Makro-Ebene problemlos in ein vertikal erweitertes MSE übertragen (vgl. Abbildung 4). Es folgt – wie schon bei Hedströms äquivalenten Interaktionsstrukturen – der prinzipielle Hinweis, dass schon das

misse und dem zu erklärenden kollektiven Phänomen (bzw. Meso-Phänomen) als Konklusion. Vgl. zum Transformationsargument Esser, Bringing society back in, S. 262.; Ders., Spezielle Grundlagen 2, S. 16.

Grundmodell des MSE in 2-Ebenen-Modellierung institutionalisierte Abstimmungs- bzw. Interdependenzmechanismen[320] (= Institutionen!) je nach Bedarf im Rahmen der Logik der Situation als Teil der Situationsdefinition (innerhalb der Brückenhypothesen) und auch im Rahmen der Logik der Aggregation als deskriptive oder kausale Transformationsbedingungen berücksichtigen kann.[321] Da Schmid aber explizit eine eigene Untersuchungsebene für die Abstimmungsmechanismen fordert, ist es ein Leichtes, sie ihm im vertikal erweiterten MSE zur Verfügung zu stellen.

Weiter propagiert Schmid zur zusammenhängenden Erklärung des Geschehens auf diesen drei Analyseebenen die Modellierung eines vierschrittigen, formal deduktiven Erklärungsarguments, und die Frage ist, ob und wie sich auch dieses in das MSE integrieren ließe. Ein entsprechender Vorschlag findet sich in Abbildung 4 zusammengefasst dargestellt:

Erklärungsschritt 1 (a_{123}) fordert die Erklärung der Handlungen einzelner Akteure, abhängig von bestimmten Zielvorgaben und situativen Opportunitäten, denen sich die Akteure im Rahmen ihrer Situationswahrnehmung gegenübersehen. Konkret benötigt werden hier einerseits eine Theorie individuellen (Entscheidungs-)Handelns (a_2) und andererseits Kontext- bzw. Situationsannahmen über die Handlungssituation, in Form eines Situationsmodells (als Randbedingungen bzw. Brückenhypothesen) (a_1). Aus Sicht des MSE entspricht dieser Schritt einer Zusammenfassung der Logik der Situation und der Logik der Selektion, also den ersten beiden Teilschritten der Badewanne zu einem einzigen Erklärungsschritt (a_{12}).

---

320 Verstanden als etablierte Verfahren bzw. Regeln zur normativen Lösung von Abstimmungsproblemen.

321 Esser hat explizit „Interaktionssysteme“ als Teil der Logik der Situation im Blick (vgl. Esser, Allgemeine Grundlagen, S. 129).

Abbildung 4: Das Mechanismus-Modell von Michael Schmid auf Basis des MSE

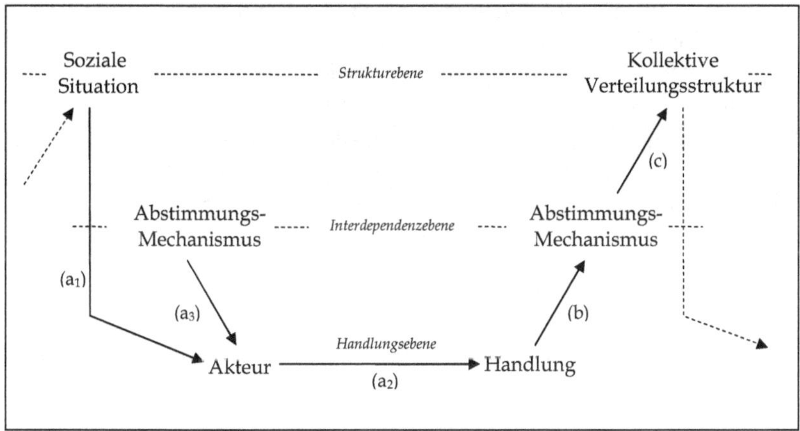

(a_{123}) Erklärungsschritt 1 (Logik der Situation + Logik der Selektion)
(b) Erklärungsschritt 2 (Logik der Aggregation, Teil 1)
(c) Erklärungsschritt 3 (Logik der Aggregation, Teil 2)
Erklärungsschritt 4 (optional, Herstellung der Prozessform; gestrichelte Pfeile)

Quelle: Eigene Darstellung

Dieser Vorschlag ist insoweit bemerkenswert, als man gerade in Hartmut Essers Theorie der Frame-Selektion einen durchaus weit gediehenen Versuch erblicken kann, eben über die Frame-Selektion (als Situationsdefinition) und die gleichzeitige, situationsabhängige (Verarbeitungs-)Modus-Selektion – (über die folgenden Selektionsschritte bis hin zur Handlungswahl) – die ersten beiden Teilschritte des MSE unter einem theoretisch-nomologischen Dach erklärend zu verschränken.[322] Obschon Schmid stattdessen bekanntermaßen eine erweiterungsoffene Rational-Choice-Theorie bevorzugt[323], stimmt er mit Esser darin überein, die Wahl der verwendeten Handlungstheorie letztendlich offen zu lassen, solange man beachte, „ […] dass sich die Situationsfaktoren wie die Beziehungsformen und deren Kollektivfolgen nur im Lichte der jeweiligen Handlungstheorie entde-

322 Natürlich sind objektive Situationsbedingungen nichts, was durch die Handlungstheorie jemals vorhergesagt werden könnte, sie müssen immer in einem eigenständigen Schritt empirisch erhoben werden. Jedoch fungiert die FST vermutlich als sehr scharfe „Brille“, um aus der prinzipiell unendlichen Vielzahl der Makrovariablen die tatsächlich individuell handlungsleitenden identifizieren zu können. Über den klassischen, „engen“ RC-Ansatz hinaus sind das nicht nur Opportunitäten und Institutionen, sondern auch etwa die symbolisch repräsentierte Kultur einer Gesellschaft. Vgl. Esser, Bringing society back in, S. 257.

323 Vgl. Schmid, Das Aggregationsproblem, S. 137.

cken und kennzeichnen lassen“[324]. Auch betonen beide Autoren den unverzichtbaren Stellenwert des handlungstheoretisch-nomologischen Kerns für das mehrstufige Gesamterklärungsargument.[325] Insofern darf man Schmids Modellierungsschritt 1 als inhaltlich voll entsprechende „Paketversion“ von Essers Logik der Situation *und* Logik der Selektion betrachten.

Kritisch angemerkt sei hier lediglich Folgendes: Womöglich läuft man mit dieser zusammenfassenden Darstellung Gefahr, den klaren „Mehr-Ebenen-Überblick“ des MSE unnötig zu verschenken. Dies noch verstärkt durch den Umstand, dass wir uns ja weiter oben – (auf Geheiß' Schmids!) – für die Einführung einer zusätzlichen Interdependenz-(Meso-)Ebene institutionalisierter Abstimmungsmechanismen entschieden hatten, die – so oder so – auf dem Weg „runter“ von Makro nach Mikro eine Rolle spielen (können) – etwa im Rahmen der Situationswahrnehmungen der Akteure[326]. Es stellt sich folglich die Frage, ob es nicht Sinn machte, schon den ersten Schritt der Badewanne, die „Logik der Situation“ (Makro – Mikro) zu erweitern um eine zweite Verbindung Interdependenzen (Meso) – Handlungen (Mikro) (a_3).[327] Wenn Schmid hier genau den gegenteiligen Weg vorschlägt, also statt kleinschrittiger Unterteilung eine Zusammenfassung der Logiken der Situation und der Selektion fordert, dann erscheint dies etwas inkonsequent, und zieht als Folge nach sich, dass die Interdependenz-„Ebene“ ausschließlich auf der rechten Badewannenseite verortet werden könnte: Sie findet dann ihren Platz sozusagen „auf halber Strecke“ zwischen den bereits erklärten individuellen Handlungseffekten (Mikro) und dem kollektiven Makro-Ergebnis.[328] Als passgenaue Verbindung zwischen Handlungseffekten und Inter-

---

324 Ders., Die Logik, S. 152; vgl. Esser, Allgemeine Grundlagen, S. 248; Esser, Spezielle Grundlagen 1, S. 21, 27.

325 Vgl. Esser, Spezielle Grundlagen 1, S. 16f., 21; Schmid, Die Logik mechanismischer Erklärungen und die Einheit der Sozialwissenschaft, S. 242. Kroneberg stützt diese Auffassung und sieht in der Handlungstheorie gesetzesartige Hypothesen mit dem höchsten Allgemeinheitsgrad verbunden. Vgl. Kroneberg, a.a.O., S. 237. Allerdings, so der Autor, dürfe die explanative Bedeutung der Handlungstheorie nicht überbetont werden – stattdessen seien die Brückenhypothesen und Transformationsregeln „[...] explanativ mindestens ebenso bedeutsam und zudem soziologisch primär von Interesse.“ Vgl. ebenda.

326 Vgl. Esser, Allgemeine Grundlagen, S. 123; vgl. auch Maurer, die argumentiert, die „'Kunst' der Modellierung“ bestehe unter anderem darin, „relevante soziale Interdependenzen zu erfassen, in spezifische Handlungsmöglichkeiten zu übersetzen, die rationale Handlung zu bestimmten und diese in kollektive Handlungseffekte zu übersetzen [...].“ Maurer, Soziale Mechanismen, S. 149.

327 Zu beachten ist stets: Eine direkte Verbindung „Makro wirkt auf Meso“ ist laut Esser nicht möglich. Denn: „Soziale Gebilde können sich nicht an der ‚Gesellschaft‘ orientieren. Das können nur leibhaftige Menschen.“ Esser, Allgemeine Grundlagen, S. 114.

328 Dies scheint sich – vgl. FN. 326 – wiederum mit einer anderen Stelle in Maurers Aufsatz zu decken: „Aus der Kombination von Situations- und Handlungsmodellen

dependenz-(Struktur-)Ebene lässt sich hier *Erklärungsschritt 2* (b) einbauen: Dieser erfordert die Erklärung der Verbindung bzw. des aufeinander Einwirkens der Handlungen unterschiedlicher Akteure und fahndet nach institutionell über wechselwirksame Erwartungen geregelten Abstimmungsmechanismen (sowie deren Änderung im Zeitverlauf), formuliert als mechanismisches Prozessmodell.[329]

Inhaltlich übertragen auf das MSE entspricht dies einem Teilschritt der Logik der Aggregation und wäre formal wie diese anzulegen: Als implikativer Schluss mit der Verknüpfung einer Transformationsregel (die das kollektive Phänomen auf Basis von individuellen Handlungseffekten und zusätzlichen Transformationsbedingungen definiert[330]), den empirisch vorliegenden individuellen Handlungseffekten und den als empirisch gültig anzunehmenden Transformationsbedingungen als Prämisse und dem zu erklärenden kollektiven Phänomen (hier: Die Interdependenzstrukturen der Meso-Ebene!) als Konklusion.[331] Prinzipiell kommen hierbei wiederum formale, deskriptive oder kausale Transformationsbedingungen in Betracht[332], wobei Schmids Forderung nach einem Prozessmodell, das die Entstehung und Veränderung der Abstimmungsregeln handlungstheoretisch mikrofundiert im Zeitverlauf modelliert[333], wohl am ehesten im Rah-

---

können relevante Abstimmungsprobleme dargelegt und konkretisiert werden wie z.B. die Etablierung und Sicherung vorteilhafter Regeln bei gemeinsamen, komplementären oder konfligierenden Interessen.“ Maurer, Soziale Mechanismen, S. 148f.

329 Siehe oben, Kapitel 2.3.2.

330 Vgl. Esser, Spezielle Grundlagen 2, S. 16.

331 Vgl. Ders., Bringing society back in, S. 262.

332 Diese weisen – in dieser Reihenfolge – einen steigenden Grad an Komplexität auf und können gemäß Esser, „je nach Erfordernis und Verfügbarkeit bzw. Stand der Theorieentwicklung und Modellbildung“ differenziert eingesetzt werden (vgl. Esser, Bringing society back in, S. 261f; 265). Formale Transformationsbedingungen sind etwa reine Verteilungsannahmen im Rahmen statistischer Aggregationen, als deskriptive Transformationsbedingungen gelten empirische Bedingungen für den gegebenen Einzelfall, etwa institutionelle Regeln, während kausale Transformationsbedingungen alle möglichen formalen Modellierungen zulässt, die prinzipiell als Sequenzen von Badewannen eingefügt werden können. Vgl. ebenda, S. 261f. M.E. erscheint Essers Position plausibel, je nach Erklärungsinteresse den Grad der Komplexität der Transformationsbedingungen variieren zu können und nach Möglichkeit die „Kunst der Reduktion von Komplexität bei der Suche nach den gerade ausreichenden Transformationsregeln [...]“ (Esser, Allgemeine Grundlagen, S. 122) zu perfektionieren. In manchen Fällen sollte etwa die schlichte Angabe einer Umrechnungsformel oder einer formalen (und empirisch wirksamen!) Regel ausreichend sein, um von der Mikro auf die Makro-Ebene zu kommen, etwa bei der Erklärung der Sitzverteilung in einem Parlament auf Basis individuellen Wahlverhaltens. Vgl. dazu Esser, Allgemeine Grundlagen, S. 249.

333 Vgl. etwa Schmid, Die Logik, S. 169; Ders., Das Aggregationsproblem, S. 154f.

men einer komplexen, kausalen Transformationsbedingung integriert werden kann.[334]

Erklärungsschritt 3 (c) verfolgt laut Schmid das Ziel, kollektive Verteilungsstrukturen als Resultate der Abstimmungsbemühungen aus Schritt 2 (b) zu identifizieren, was Hypothesen darüber voraussetze, wie sich aus dem mechanismusbasierten Abstimmungshandeln der Akteure beabsichtigte oder unbeabsichtigte Kollektivkonsequenzen ergeben. Schmid bezeichnet diesen Schritt auch als „Aggregierungsproblem"[335], was freilich ungenau ist insofern, als dass sich anhand der soeben durchgeführten Integration seines zweiten Erklärungsschrittes in das MSE deutlich gezeigt haben dürfte, dass bereits dieser zur Aggregation von Mikro hinauf zu Makro beiträgt. Genauer wäre es also, davon zu sprechen, dass Erklärungsschritt 2 *und* 3 zusammengenommen das Aggregationsproblem lösen sollen.[336]

Der Weg führt im MSE auf der rechten Badewannenseite nun hinauf von der Interdependenz- zur Makro-Ebene. Formal entspricht er im MSE genau dem zweiten Erklärungsschritt, als implikativer Schluss diesmal mit der Verknüpfung einer Transformationsregel, empirisch vorliegenden Abstimmungsmechanismen (Interdependenzstrukturen) und empirisch als gültig anzunehmenden Transformationsbedingungen als Prämisse und dem zu erklärenden kollektiven Phänomen (hier: Verteilungsstrukturen der Makro-Ebene) als Konklusion.

Es wäre dann noch zu klären, erstens: Ist das kollektive Explanandum, sind die Verteilungsstrukturen NUR als Folge der zuvor entstandenen bzw. modifizierten Abstimmungsmechanismen zu verstehen ODER kann hier auch eine direkte Ag-

---

334 Dann ihrerseits modelliert als „Prozess"-Abfolge, die mehrere hintereinander geschaltete Badewannen dazu benutzt, das wechselseitig aufeinander bezogene Handeln der Akteure A_1, A_2 […] A_n mit sich im Zeitverlauf verändernden Abstimmungsregeln auf der Makro-Ebene, zu erklären. Angemerkt sei, dass eine Dynamisierung dieser Interdependenzstrukturen auf der Mesoebene ohnehin auch durch eine abschließende Prozessualisierung des Gesamtmodells Makro-Mikro(+(Meso-Mikro))-Mikro-Mikro-Mikro-Meso-Meso-Makro (mehrfach in Reihe geschaltet) erreicht würde. Man könnte deshalb Schmid raten, es mit der Komplexität und Dynamisierung des Übergangs zwischen Mikro und Meso nicht zu übertreiben.

335 Oder „Aggregationsproblem" – vgl. Schmid, Die Logik mechanismischer Erklärungen und die Einheit der Sozialwissenschaft, S. 240.

336 Beide Schritte erklären im Ergebnis das Entstehen bzw. die Veränderung von Strukturen auf Basis individuellen Handelns. Kritisch kann man deshalb hinterfragen, ob die Aufspaltung der Logik der Aggregation in zwei Teilschritte in allen Fällen Sinn macht. M.E. könnte man auf *Erklärungsschritt 2* in Schmids Modell durchaus verzichten in solchen Fällen, in denen individuelle Handlungseffekte unabhängig und unbeeinflusst vom Handeln anderer „auf eigene Rechnung" direkt ein kollektives Ergebnis nach sich ziehen (vgl. etwa das Beispiel „Grenzen der Umweltmoral" bei Esser, Allgemeine Grundlagen, S. 68ff.). Dieses „Problem" sieht auch Schmid. Vgl. Schmid, Das Aggregationsproblem, S. 143.

gregationsbeziehung ausgehend von den individuellen Handlungen der Akteure bestehen?[337] (Dann bräuchte man einen zusätzlichen Transformationsschritt von Mikro direkt auf Makro.) Zweitens: Wie lässt sich verhindern, dass man dem kollektivistischen Fehlschluss (Strukturen wirken direkt auf Strukturen)[338] auf den Leim geht beim Übergang von Interdependenz*strukturen* zu Verteilungs*strukturen*? Vermutlich wieder nur durch die Verwendung komplexer, ihrerseits mikrofundierter, kausaler Transformations-Bedingungen.

Der optionale, vierte Erklärungsschritt Schmids Modellierung mechanismischer Erklärungen verlangt zusätzlich, den Bogen zu spannen, zurück von den erklärten Verteilungsstrukturen hin zu den Handlungsbedingungen der Akteure.[339] Es soll eine Rückwirkung erklärt werden auf die Situationsbestimmungen der nächsten Entscheidungs- bzw. Handlungsphase, um das Modell zu dynamisieren und Strukturwandel erfassen zu können.[340] Dazu ist Folgendes zu sagen: Aufgrund der in Kapitel 3.2.5 ausführlich diskutierten Bedenken (Gefahr des Verstoßes gegen den Methodologischen Individualismus, Gefahr eines tautologischen Zirkelschlusses, Gefahr der Verwässerung der gesamten Modelldarstellung) ist eine „Rückwirkungsfunktion“ aus Sicht des MSE zurückzuweisen.

Den damit bezweckten Wünschen von Schmid kann dennoch absolut problemlos entsprochen werden: Indem man die Rückwirkung sinnvoller als „Vorwärtswirkung“ begreift und dann das vertikal erweiterte MSE als Prozesskette modellierend horizontal in die Breite zieht (angedeutet durch die gestrichelten Pfeile in Abbildung 4). Damit werden die in einem mechanismischen Erklärungsgesamtdurchlauf erklärten kollektiven Verteilungsstrukturen für die nächste, anschließende Badewanne *automatisch* zum Teil der objektiven Situationsbedingungen der Akteure und eine Modell-Dynamisierung zur Erfassung von Strukturwandel, sowohl der Verteilungsstrukturen, als auch der Interdependenzstrukturen (Abstimmungsmechansimen), ist so fast im Handumdrehen (besser: „Badewannennebeneinanderstellen“) gewährleistet.[341]

---

337 Letzten Endes muss man dies empirisch klären.

338 Vgl. Esser, Verfällt die Methode, S. 39.

339 Vgl. Schmid, Die Logik, S. 23; Ders., Die Erklärungsaufgabe der Soziologie, S. 217.

340 Vgl. Schmid, Soziale Mechanismen und Soziologische Erklärungen, S. 60; Ders., Die Logik, S. 24.

341 Greshoff bringt den Kern des dynamischen Geschehens auf den Punkt: „Bestehen, Perennieren, Wandel eines sozialen Gebildes ist, grob skizziert, nur ein anderer Ausdruck für ‚(Re-)Produzieren' bestimmter sozialer Handlungen und Erwartungen durch die Prozessoren Alter, Ego (usw.)“ Greshoff, Rainer: Die Produktion des Sozialen als Erklärungsproblem. Oder: Ist es rational, komplexes Sozialgeschehen mittels methodologisch-individualistisch fundierter Konzepte zu erklären? In: Andrea Maurer/Uwe Schimank (Hrsg.): Die Rationalitäten des Sozialen. Wiesbaden, VS Verlag für Sozialwissenschaften 2011, S. 196 (im Folgenden zitiert als: Greshoff, Die Produktion des Sozialen als Erklärungsproblem).

Bis hierhin ließ sich der Modellierungsvorschlag von Schmid sehr gut in das MSE integrieren, bzw. auf seiner Basis sogar präzisieren. Der Form nach bleibt es, wie von Schmid gefordert, ein mehrstufiges, deduktives Erklärungsargument in Erweiterung des HO-Schemas.[342] Es gibt überdies keinen Zweifel: Auch den heuristischen Anspruch, den Schmid mit seinem Mechanismus-Modell vertritt, teilt Esser im Sinne einer „erklärungsbasierten Soziologie“[343], auch und vor allem, um damit den multiparadigmatischen Zustand der Sozialwissenschaften endlich zu überwinden.[344] Einzelne Kritikpunkte und Verbesserungsvorschläge an Schmids Modell auf Basis des MSE finden sich in Tabelle 2:

342 Kroneberg sieht entsprechend im HO-Schema den „building block“ von soziologischen Erklärungen im Makro-Mikro-Makro-Modell (vgl. Kroneberg, S. 235). Der Autor legte unlängst eine komplette Rekonstruktion der logischen Struktur von deduktiv-nomologischen Erklärungen mit der Badewanne vor (mit [objektiven] Kontextvariablen [der Ausgangssituation] (KV), Randbedingungen [der Handlungstheorie] (RB), Individuellen [Handlungs-]Effekten (IE), Transformationsbedingungen (TB) und Explanandum (P)): $(((KV \rightarrow RB) \square\ (RB \rightarrow IE) \square\ (TB \square\ IE \rightarrow P)) \square\ KV_i \square\ TB_i) \rightarrow P_i$ (Kroneberg, S. 234). Verbalisiert bedeutet dies: „Das kollektive Explanandum Pi lässt sich also aus Brückenhypothesen, Handlungstheorie und Transformationsregeln ableiten, sofern im Anwendungsfall nachweislich zwei Arten von Randbedingungen vorliegen: (1) die Ausprägungen der Kontextvariablen KVi, von denen angenommen wird, das sie die Akteure in erklärungsrelevanter Weise systematisch beeinflussen, sowie (2) die Transformationsbedingungen TBi, unter denen die Transformationsregeln gelten“ (Ebenda). *Eigene Anmerkungen in [ ].

343 Vgl. Esser, Hartmut: Wo steht die Soziologie? In: Esser, Hartmut: Soziologische Anstöße. Campus Verlag Frankfurt/New York 2004, S. 311 (im Folgenden zitiert als: Esser, Wo steht die Soziologie). Zum MSE als Basis von Strukturmodellen bzw. Strukturtheorien vgl. Esser, Spezielle Grundlagen 2, S. 27ff.; 414ff.

344 Vgl. Hill, Paul/Kalter, Frank/Kopp, Johannes/Kroneberg, Clemens/Schnell, Rainer: Einleitung: Eine Auseinandersetzung mit Hartmut Esser. In: Hill, Paul/Kalter, Frank/Kopp, Johannes/Kroneberg, Clemens/Schnell, Rainer (Hg.): Hartmut Essers Erklärende Soziologie. Kontroversen und Perspektiven. Campus Verlag Frankfurt/New York 2009, S. 15.

Tabelle 2: Das Mechanismus-Modell Michael Schmids: Kritik und Verbesserungsvorschläge

Kritik am Mechanismus-Modell nach Michael Schmid	*Lösungsvorschläge auf Basis des Modells Soziologischer Erklärung (MSE)*
• Zusammenfassende Darstellung von Logik der Situation (incl. Berücksichtigung einer Interdependenz- Mesoebene) und Logik der Selektion in einem Erklärungsschritt; dadurch Gefahr, dass Mehrebenen-Differenzierung des Modells aus dem Blick gerät	• Etablierte Einteilung der Erklärungsschritte des MSE beibehalten, zusätzlichen Erklärungsschritt von der Interdependenz-Mesoebene zum Akteur (Mikro) im Rahmen der Logik der Situation berücksichtigen
• Erklärungsschritt 3 entsprechend der Verbindung Interdependenzebene (Meso) - Kollektiveffekte (Makro) wird als „Aggregierungsproblem" bezeichnet; obwohl bereits die Verbindung individuelle Handlungseffekte (Mikro) – Interdepenzebene (Meso) einen Teil der Logik der Aggregation darstellen	• Erklärungsschritte 2 und 3 (Schmid) zusammengenommen als Teilschritte der Logik der Aggregation betrachten
• Erklärungsschritt 4 mit Rückwirkungsfunktion macht keinen Sinn (Gefahr: Verstoß gegen Methodologischen Individualismus und Tautologieprobleme)	• Stattdessen horizontale Erweiterung des MSE zur vorwärtswirkenden Prozessform vornehmen um das Modell zu dynamisieren

4 Mechanismus-Konzept *oder* MSE – (noch) offene Fragen eines systematischen Vergleichs

Im Laufe der vorliegenden Arbeit wurden die zentralen Bausteine des Konzepts „Sozialer Mechanismen" in das Modell Soziologischer Erklärung überführt und dabei, falls nötig, einer kontrastierenden Kritik unterzogen. Ebenso folgte der Versuch, zwei prominente Modellierungsvorschläge zur Konstruktion mechanismischer Erklärungen in das MSE zu integrieren. Dies geschah bislang auf einem „intuitiven" Wege insofern, als dass der Integrationsversuch von der Ausgangs-Überzeugung geleitet wurde, dass hier ganz augenscheinlich eine nahe „Verwandtschaft" zwischen beiden Konzepten vorliege und der sich daran anschließenden Frage, ob denn nicht das MSE (oder allgemeiner gefasst: „die Badewanne") als „Platzhirsch" in der Lage sein müsste, sich gegenüber dem „Emporkömmling" Mechanismus-Erklärung (vorerst) auf dem Feld sozialwissenschaftlicher Modellierungen zu behaupten. Getreu der von Opp formulierten Devise: „A general decision rule is to reject methodological rules only if there are better ones."[345][346]

Natürlich ist eine solche Vorgehensweise, die das eine Konzept zum Analyse- und Kritikmaßstab des anderen erhebt, im Ergebnis begrenzt insofern, als dass der Blickwinkel notwendigerweise verengt bleibt auf bestimmte Konzeptbausteine und spezifische Teilaspekte – eine umfassende Würdigung des analysierten Konzepts ist so nicht möglich.[347] M.E. lässt sich dieser Einwand ein Stück weit abschwächen insofern, als dass sowohl Mechanismus-Konzept, als auch MSE gewisse methodologische Grundprinzipien teilen, etwa den Methodologischen Individualismus (damit Akteurs- und Handlungsorientierung), den Erklärungsanspruch, den Willen, empirisch-analytisch und modellierend zu arbeiten etc. Damit sollte zumindest die Gefahr des Einander-Nicht-Verstehens oder Fehl-Interpretierens aufgrund unterschiedlicher Begriffsverwendung, Zielsetzung etc. (Stichwort: Inkommensurabilität[348]) deutlich gemindert sein.

345 Opp, What is Analytical Sociolocy, 340.

346 Und dies auch, indem man zeigen könnte, dass sich mechanismische Erklärungen jederzeit ersetzen lassen, dass es nichts gibt, was das Mechanismus-Konzept einfordert (und kann), was das MSE nicht auch könnte und dies vielleicht sogar besser oder *präziser*.

347 Vgl. dazu auch Haller, der, bezogen auf die Konfrontation einer inhaltlichen Theorie aus Sicht einer anderen, davon ausgeht, dass sich so zwar gewisse Einzelschwächen einer Theorie identifizieren ließen, aber immer das Problem bestehe, dass man nicht sehe, „dass sie von grundlegend anderen Voraussetzungen ausgeht als die eigene." Vgl. Haller, Max: Soziologische Theorie im systematisch-kritischen Vergleich. Leske + Budrich, Opladen 1999, S. 66.

348 Vgl. zur gesamten „Popper-Kuhn-Kontroverse" etwa Frings, S. 136ff.

Trotzdem, es kann nicht schaden, das Verhältnis der beiden Erklärungs-Konzepte im Folgenden noch einmal etwas systematischer zu hinterfragen. Dabei wird es auch um die Suche nach wissenschaftstheoretisch geteilten Kriterien gehen, mit denen sich ein Vergleich der Stärken und Schwächen der beiden Konzepte vornehmen ließe.[349] Ob am Ende eines der beiden Konzepte grundsätzlich dem anderen überlegen ist, wird im Rahmen dieser Arbeit nicht abschließend geklärt werden können (das war aber auch nicht das Ziel).

4.1 Das Verhältnis von Mechanismus-Konzept und MSE – ein „Spezialfall"?

Zum logischen Verhältnis zwischen Mechanismus-Konzept und MSE existieren in der Literatur verschiedene Auffassungen: Zum einen etwa die von Maurer und Schmid vertretene Sichtweise, mechanismische Erklärungen als „Sonderform mehrstufiger, handlungstheoretisch fundierter Erklärungen" zu betrachten[350]: Demnach enthalten Mechanismus-Modelle gegenüber der Badewanne ein zusätzliches Erklärungsargument in Gestalt eines zusätzlichen Erklärungsschrittes, der eine rekursive Funktion bzw. Rückschleifen-Funktion zwischen der Ausgangssituation und den durch Handlungen erzeugten Kollektiveffekten herstellt: „Gelingt es, eine Funktion anzugeben, die eine typische Rückwirkung auf die Anfangssituation beschreibt, dann ist ein sozialer Mechanismus erkannt und es wäre von einer mechanismischen Erklärung zu sprechen".[351] Für das logische Verhältnis bedeutete das, dass alle mechanismischen Erklärungen zugleich Erklärungen nach der Badewanne (MSE) darstellten[352], aber nicht alle MSE-Erklärungen auch mechanismischen Erklärungen genügten. Die Menge aller mechanismischen Erklärungen bildete somit eine Teilmenge aller MSE-Erklärungen – die mechanismische Erklärung wäre als Spezialfall einer MSE-Erklärung zu identifizieren.

Zum anderen findet sich die scheinbar diametral entgegengesetzte Auffassung von Opp: „[…] macro-micro explanations are a subclass of mechanism-based

349 Wohlgemerkt, es wäre naiv zu glauben, dass selbst ein an den etabliertesten Kriterien orientierter Theorien- bzw. Methodologievergleich jemals vollständig „neutral" sein könnte. Denn, mit Greshoff gesprochen: „Es gibt keinen ‚unschuldigen', ‚voraussetzungslosen' oder ‚neutralen' Zugang dazu, Theorien miteinander zu vergleichen, sondern man macht es immer vom jeweiligen Erkenntnisinteresse her, unter Zugrundelegung bestimmter Gesichtspunkte, Maßstäbe und methodischer Vorgehensweisen, die strittig sein und anders gewählt werden können." Greshoff, Aufklärung durch Integration, S. 187.

350 Vgl. Maurer/Schmid, a.a.O., S. 2883.

351 Maurer, Soziale Mechanismen, S. 151; vgl. auch Maurer/Schmid, a.a.O., S. 2883f.

352 In der Tat fordert Maurer folgerichtig explizit, das struktur-individualistische Erklärungsmodell für eine systematische Erfassung bzw. Rekonstruktion sozialer Mechanismen zu verwenden. Vgl. Maurer, Soziale Mechanismen, S. 146; 154.

explanations."[353] Denn: Alle Makro-Mikro-Erklärungen seien zwar einerseits mechanismenbasierte Erklärungen, „[...] but there are mechanism-based explanations that remain on the mico-level and are thus no macro-micro-explanations."[354] Sind Erklärungen nach der Badewanne (MSE) also doch ein Spezialfall mechanismischer Erklärungen? Schaut man genauer hin, erkennt man, dass Opp eine andere Mechanismus-(Minimal-)Definition zugrunde legt, als Maurer und Schmid. Während Maurer den Mechanismus-(Definitions-)Baustein der Mehrebenen-Differenzierung offenbar zwingend voraussetzt und dann eine mechanismische Erklärung den Gesamtdurchlauf der Badewanne (+Rückwirkung) beinhaltet, reicht Opp das Hinzufügen einer spezifizierten „intervenierenden Variablen", um einer Kausalbeziehung zwischen zwei Variablen den Status eines Mechanismus zuzuerkennen[355], weshalb prinzipiell mechanismische Erklärungen auf einer Analyseebene verbleiben könnten.[356] Die Mechanismus-Definitionsdebatte soll an dieser Stelle nicht erneut komplett aufgerollt werden, die aufgezeigten Unterschiede machen aber einmal mehr deutlich, wie unklar die Mechanismus-Konzeption insgesamt noch ist.[357]

Opp relativiert übrigens selbst seine Verhältnis-Bestimmung und stellt fest, dass es, bezogen auf Hedströms „Anatomie des Sozialen", dort hauptsächlich um die Erklärung von Makro-Phänomenen durch das Erforschen der Prozesse auf der Mikroebene, die wiederum von Makroereignissen ausgelöst würden, gehe. Mithin seien Makro-Mikro-Erklärungen und mechanismusbasierte Erklärungen also identisch.[358] Ein interessanter Punkt! Dem scheint auch die Haltung Kronebergs zu entsprechen[359] und ja, für die Annahme von Mengen- bzw. Deckungsgleichheit zwischen mechanismischen Erklärungen und MSE-Erklärungen bzw. Mechanismus-Modellen und dem MSE sprechen durchaus triftige Gründe: So wurde in der vorliegenden Arbeit das von Maurer und Schmid geforderte (und den Spezialfall markierende) Rekursivitäts-Kriterium bereits zurückgewiesen (vgl.

---

353 Opp, Book Review Peter Hedström, S. 119f.

354 ebenda; vgl. auch: Ders., Erklärung durch Mechanismen, S. 365.

355 Vgl. Ders., Erklärung durch Mechanismen, S. 362, 364.

356 Das deckt sich mit dem Mechanismus-Verständnis von Hedström und Swedberg, als auch „action-formation-mechanisms" eigenständig auf der Mikroebene verbleiben. Vgl. Hedström/Swedberg, a.a.O., S. 22.

357 Im Folgenden soll weiterhin am Mechanismusbaustein der Mehrebenen-Differenzierung festgehalten werden, im Ergebnis sei mit „Sozialer Mechanismus" bzw. mechanismischer Erklärung also der gesamte Makro-Mikro-Makro-Erklärungsdurchlauf gemeint, die Einzelschritte entsprechen „Teil-"Mechanismen.

358 Vgl. Opp, Book Review Peter Hedström, S. 120.

359 Der Autor sieht das Makro-Mikro-Makro-Modell der mechanismischen Soziologie explizit zugrunde gelegt – vgl. Kroneberg, a.a.O., S. 222 – und verwendet die Begriffe „Erklärungen im Makro-Mikro-Makro-Modell" bzw. „mechanismische Erklärungen" synonym. Vgl. ebenda, S. 237.

Kapitel 3.2.5) und stattdessen die horizontale Erweiterung des MSE als Prozessform vorgeschlagen. Insbesondere die – über eine vertikale Erweiterung des MSE um eine Mesoebene realisierte – ausdrücklich eingeforderte Berücksichtigung von Interaktionsstrukturen (Hedström) bzw. Abstimmungsmechanismen (Schmid) über eigenständige Erklärungsschritte, scheint, zumindest nach den hier untersuchten Modellierungsvorschlägen, das eigentlich Spezifische mechanismischer Erklärungen auszumachen.

Bleibt es also doch beim Spezialfall „Sozialer Mechanismus", nur eben nicht aufgrund zusätzlicher Rekursivität, sondern aufgrund zusätzlicher horizontaler und vor allem vertikaler Erweiterung des Grundmodells? Nicht unbedingt! Denn man darf getrost davon ausgehen, dass Esser diese auf der Hand liegenden Erweiterungen bereits im (vereinfachten) Grundmodell gewissermaßen „unausgesprochen" mitdenkt. Das heißt, aus Gründen der Darstellung und Handhabbarkeit – (und vielleicht auch, um ausnahmsweise einfache Erklärungsfälle möglichst sparsam modellieren zu können (!)) – wird hier eine vereinfachte, abstrahierende Variante variabler Mehrebenen-Prozess-Modellierungen angelegt, die aber automatisch den Blick über den Tellerrand immer schon im Grundmodell beinhaltet.[360] Entsprechend heißt es in Essers „Allgemeinen Grundlagen" zur Soziologie:

> **„Fast immer werden soziologische Erklärungen mit solchen Zwischen-Ebenen der Modellierung sozialer Gebilde und bei den Interaktionssystemen von Akteuren beginnen müssen. […] Die Gesellschaft und die anderen sozialen Gebilde der Menschen sind immer Prozesse und immer Mehr-Ebenen-Angelegenheiten."[361]**

In dieser Sichtweise bedeuten MSE-Erklärungen und mechanismische Erklärungen letzten Endes das Gleiche, sie wären tatsächlich „alter Wein in neuen Schläuchen".[362] Statt hier den Punkt zu machen, sei indes auf die Literatur zu Theorienvergleichen verwiesen und zwar zur Frage des logischen Verhältnisses

360 Es wurde an entsprechender Stelle weiter oben bereits darauf hingewiesen, dass bereits im stark vereinfachten Grundmodell komplexe Interaktionsprozesse sowohl im Rahmen der Logik der Situation (über die Brückenhypothesen), also auch im Rahmen der Logik der Aggregation in Form kausaler Transformationsbedingungen (die wiederum ganze Ketten von aneinandergereihten Badewannen beinhalten können), modellierbar sind. Damit kann auch das Grundmodell bereits Prozessform und Mehrebenenmodellierung enthalten, selbst, wenn man diese nicht explizit als solche ausweist.

361 Esser, Allgemeine Grundlagen, S. 117f.

362 Natürlich immer vorausgesetzt, man bejaht auch für das Mechanismus-Konzept das HO-Schema und legt damit der Badewanne eine nomologische Handlungstheorie mit klarer Entscheidungsregel zugrunde. Lehnt man dies ab, kann man aber vermutlich ohnehin nichts erklären.

von Theorien.[363] Es finden sich dort verschiedene Beziehungsverhältnisse (auch: „Basisrelationen“[364]) typisierend unterschieden: Etwa Konkurrenztyp A, Konkurrenztyp B und Ähnlichkeit.[365] Konkurrenztyp A liegt vor, wenn beide Theorien in einem logischen Widerspruch stehen, Konkurrenztyp B, wenn zwar kein Widerspruch besteht, aber unterschiedliche, erklärende Variablen herangezogen werden.[366] Ähnlichkeit wiederum umfasst einerseits das bereits angedeutete Mengen-Teilmengenverhältnis (bezogen auf den intendierten Anwendungsbereich), andererseits den Fall, dass zwei Theorieansätze eigentlich identisch sind und durch sprachliche bzw. logische Transformationen in den jeweiligen anderen übersetzbar bleiben.[367]

Nach allen Ergebnissen der vorliegenden Arbeit bestehen keine prinzipiellen Hinweise auf eine Widersprüchlichkeit von mechanismischen und MSE-Erklärungen (also kein Konkurrenztyp A). Im Gegenteil: Alle zentralen Mechanismus-Bausteine ließen sich (unter Beachtung einiger terminologischer Korrekturen) auch im MSE wiederfinden.

Problematisieren kann man die Frage, ob z.B. im Rahmen unterschiedlicher verwendeter Handlungstheorien im MSE, wie auch im Mechanismus-Konzept, unterschiedliche erklärende Variablen herangezogen werden (dann läge womöglich Konkurrenztyp B vor). Angesichts der aufgezeigten Unterschiede in diesem Punkt (Modell Hedström: Variable DBO-Konstruktionen, Modell Schmid: Erweiterungsfähige RC-Theorie, MSE: neuerdings Frame-Selektion-Theorie (FST), früher ebenfalls erweiterungsfähige RC[368] (!)) ein durchaus plausibler Gedanke. Allerdings lassen alle drei Protagonisten den handlungstheoretischen Kern ihrer Modelle prinzipiell revisionsoffen und damit auch begründet ersetzbar[369], ihre Modelle funktionieren dem grundsätzlichen Aufbau nach auch mit alternativen Handlungstheorien, sofern sie, wie bei Esser und Schmid gefordert, eine präzise Entscheidungsregel beinhalten und die Formulierung von Brückenhypothesen

363 Eine grundsätzliche Diskussion der Frage, ob und inwiefern Theorienvergleichskriterien auch auf das Verhältnis von mechanismischen Erklärungen und das MSE übertragbar sind, findet sich in Kapitel 4.2.

364 Vgl. Frings, a.a.O., S. 143.

365 Vgl. Seipel, Christian: Strategien und Probleme des empirischen Theorienvergleichs in den Sozialwissenschaften. Rational Choice Theorie oder Persönlichkeitstheorie? Leske + Budrich, Opladen 1999, S. 39; Frings, a.a.O.,144ff.

366 Vgl. Seipel, a.a.O., S. 39.

367 Vgl. Frings, a.a.O., S. 145.

368 Vgl. noch Esser, Allgemeine Grundlagen, S. 135f.

369 Vgl. Hedström, a.a.O., S. 65; Schmid, Michael: Mechanismische Erklärungen und die ‚Anatomie des Sozialen.‘ Bemerkungen zum Forschungsprogramm der Analytischen Soziologie. In: Kron, Thomas/Grund, Thomas: Die Analytische Soziologie in der Diskussion. VS Verlag für Sozialwissenschaften, Wiesbaden, 1. Auflage 2010, S. 45; Esser, Allgemeine Grundlagen, S. 248.

zulasse.[370] Zudem sollte zumindest eine beliebig erweiterungsfähige RC-Theorie im Ergebnis auch die Größen erfassen können, die Essers FST abdeckt.[371] Und Hedström (laut Opp „verkappt“ ebenfalls dem weiten RC-Lager zugehörig[372]) benötigt ohnehin stets zusätzlichen nomologischen Input, um überhaupt irgendetwas auf der action-formation-Ebene erklären zu können. Dies spricht m.E. im Ganzen doch eher für eine Ähnlichkeit der beiden Methodologien, was im Ergebnis eine „up-and-down or deductive integration“ gestattet.[373] Erste Ansätze dazu wurden in Kapitel 3 bereits formuliert.[374]

4.2 Mechanismische Erklärungen vs. MSE: Zur Möglichkeit und zu Problemen eines kriteriengestützten Methodologievergleichs

4.2.1 Mechanismische Erklärungen vs. MSE – was wird überhaupt verglichen?

Macht man sich daran, mechanismische Erklärungen und MSE einem systematischen Vergleich auszusetzen, so stellt sich noch vor allen weiteren Fragen die Frage nach der Bestimmung dessen, was dort überhaupt verglichen werden soll – am Ende Äpfel und Birnen? Schon die Beantwortung dieser Frage ist nicht ganz trivial – gestaltet sich doch die Liste der jeweiligen Zuschreibungen recht umfänglich: Das MSE sei ein „conceptual framework“[375], beinhalte eine „Meta-

370 Vgl. Esser, Allgemeine Grundlagen, S. 248; Schmid, Die Logik, S. 152.

371 In diesem Punkt besteht weiterer, insbesondere empirischer Forschungsbedarf. Es sollten bei der Bewertung der Handlungstheorien immer auch die in Kapitel 4.1.3 erwähnten Spannungsverhältnisse berücksichtigt werden. So hat die FST unter anderem den Vorteil, ziemlich viel „aus einem Guss“ erklären zu können, sie verfügt über einen relativ hohen und allgemeinen Erklärungsgehalt. Hedströms Vorgehen wiederum maximiert die Flexibilität und Einfachheit der Annahmen. Schmid geht hier eine Art Mittelweg.

372 Vgl. Opp, Book Review Peter Hedström, S. 119f.; Opp, What is Analytical Sociology, S. 340ff. .

373 Vgl. Seipel, a.a.O., S. 38f.

374 Sie könnte, anhand konkreter empirischer Erklärungsprobleme, die vergleichend mit verschiedenen Modellen mechanismischer Erklärungen sowie dem MSE zu untersuchen wären, in stärker formalisierter Form noch einmal angegangen werden. Dabei ließen sich auch Brückenhypothesen bzw. Transformationsbedingungen konkret formulieren und anschließend vergleichen.

375 Greshoff, Rainer: Das >>Modell der soziologischen Erklärung<< als Kombination von methodischen und gegenständlichen Annahmen, um soziale Aggregationen erklären zu können. In: Karl-Siegbert (Hrsg.): Die Natur der Gesellschaft: Verhandlungen des 33. Kongresses der Deutschen Gesellschaft für Soziologie in Kassel 2006. Campus Verlag, Frankfurt am Main 2008, S. 4214. Im Folgenden zitiert als: Greshoff, Das Modell der Soziologischen Erklärung.

theorie“[376], nehme fast schon den Status eines „leitenden Paradigmas“ ein[377], entspreche „Elementen von Regeln der Soziologischen Methode“[378], einer „Methodologie des Erklärens“[379], es handele sich um eine „Heuristik“[380]. Die vielschichtigen Begriffsverwirrungen bzgl. des Mechanismus-Konzeptes wurden entsprechend bereits dargelegt, schlaglichtartig finden sich auch hier Zuschreibungen von „eigenständige Arbeitsweise und Erklärungsform“[381], über „Ursache-Wirkungs-Ablaufmuster“[382], „erklärende Theorie“[383], „Erklärungsmodell“[384] bis hin wiederum zum mechanismischen Erklärungsprogrammm als „fruchtbarer Heuristik“[385].

Um an dieser Stelle keine semantischen Analysen anstrengen zu müssen, soll pragmatisch von Folgendem ausgegangen werden: Insofern die Methodologie (als Wissenschaftstheorie der Sozialwissenschaften) „Spielregeln“ bzw. Leitlinien für die Forschung angibt und beschreibt, wie Sozialwissenschaftler arbeiten bzw. arbeiten sollen, insofern kann man sicher zustimmen, dass das MSE, wie auch (Modelle) mechanismische(r) Erklärungen, jeweils Bestandteile dieser Methodologie sind. Sie geben an, wie sozialwissenschaftliche Erklärungen grundsätzlich anzulegen wären. Und ja, versteht man unter Heuristiken ganz allgemein Urteilstechniken, die sich als Faustregeln bezeichnen lassen und „zu einer Reduktion der Komplexität der Urteilsaufgabe beitragen“[386] – gewissermaßen also intellektuelle „Shortcuts“ zur Vereinfachung[387] – insofern mag man die „Badewanne“, wie auch die Rede vom zu entschlüsselnden „Mechanismus“, als Heuristik für den mikrofundiert erklärungsaffinen Sozialwissenschaftler betrachten.[388] Inhalt-

---

376 Vgl. Greve/Schnabel/Schützeichel in: Rehberg, S. 4182.

377 Vgl. ebenda, S. 4181.

378 Esser, Verfällt die soziologische Methode, S. 127.

379 Schmid, Die Logik, S. 136.

380 Vgl. Prosch, Bernhard: Badewanne oder Schlachtschiff? – Anmerkungen zur Diskussion über das Mikro-Makro-Modell. In: Karl-Siegbert (Hrsg.): Die Natur der Gesellschaft: Verhandlungen des 33. Kongresses der Deutschen Gesellschaft für Soziolo gie in Kassel 2006. Campus Verlag, Frankfurt am Main 2008, S. 4191.

381 Maurer, Soziale Mechanismen, S. 143.

382 Schmitt, Kommunikative Mechanismen, S. 204.

383 Vgl. Hedström, a.a.O., S. 55.

384 Maurer/Schmid, a.a.O., S. 2879.

385 Vgl. Schmid, Die Logik, S. 143.

386 Bierhoff, Hans-Werner: Sozialpsychologie. Ein Lehrbuch. Stuttgart, Verlag W. Kohlhammer, 6. Auflage 2006, S. 260.

387 Vgl. Brady, Henry E./Sniderman, Paul M.: Attitude Attribution: A Group Basis für Political Reasoning. In: The American Political Science Review 79, Nr. 4 1985, S. 1075.

388 Wobei die Anwendung des Heuristik-Begriffs auf diesen Sachverhalt möglicherweise selbst wiederum Ausdruck einer angewendeten Heuristik sein dürfte – eine Heuristik zur vereinfachten Einsortierung in wissenschaftstheoretische Gegenstands-Kategorien

lich bleibt die Heuristik-Funktion aber der Methodologie verpflichtet – sie deutet lediglich schon auf ein mögliches Bewertungskriterium hin: Das der Einfachheit bzw. Komplexitätsreduktion.

4.2.2 Mechanismische Erklärungen vs. MSE – und die problematische Suche nach anwendbaren Vergleichskriterien

Geht man also davon aus, dass mit einem Vergleich mechanismischer Erklärungen – MSE letztlich ein sozialwissenschaftlicher Methodologie-Vergleich angestrebt wird, so besteht ein erstes Problem darin, über das bereits angedeutete Kriterium der Einfachheit/Komplexitätsreduktion hinaus weitere geeignete Vergleichskriterien zu bestimmen. Dezidiert ausgewiesene und von der breiten sozialwissenschaftlichen Wissenschaftscommunity anerkannte „Methodologievergleichskriterien" existieren nämlich nicht. Wenn man Greshoffs Vorschlag folgt, Wissenschaftstheorie (und damit gleichbedeutend: Methodologie[389]) ihrerseits als Meta-Theorie zu betrachten[390], bietet sich immerhin ein Ansatzpunkt, um an dieser Stelle nicht gleich kapitulieren zu müssen: Laut Kneer und Schroer handele es sich nämlich bei der Differenzierung zwischen soziologischer Theorie und Metatheorie („Theorien über Theorien"[391]) „ [...] um keine substantielle, sondern um eine analytische Unterscheidung".[392] Beide stünden vielmehr in einem wechselseitigen Ergänzungs- und Überlagerungsverhältnis, insofern komme metatheoretischer Betrachtung bzw. Reflexion über soziologische Theorien ebenfalls der Status einer soziologischen Theorie zu – mit entsprechenden Begründungs- und Bewährungsverpflichtungen.[393]

---

nämlich. Schmid formuliert es noch schärfer: Der Begriff „Heuristik" sei nicht gut definiert und diene bisweilen „nur zur Verschleierung fragwürdiger bzw. unexplizierter methodologischer Auffassungen". Vgl. Schmid, Die Logik, S. 143.

389 Vgl. Opp, Methodologie, S. 13; Gröbl-Steinbach, Evelyn: Soziale Welt und Realismus in der soziologischen Theorie. In: Balog, Andreas/Schülein, August (Hrsg.): Soziologie, eine multiparadigmatische Wissenschaft. Erkenntnisnotwendigkeit oder Übergangsstadium? In: VS Verlag für Sozialwissenschaften, Wiesbaden, 1. Auflage 2008, S. 54.

390 Vgl. Greshoff, Rainer: Die Theorienvergleichsdebatte in der deutschsprachigen Soziologie. In: Kneer, Georg und Moebius, Stephan (Hrsg.): Soziologische Kontroversen. Beiträge zu einer anderen Geschichte der Wissenschaft vom Sozialen. Suhrkamp Verlag Berlin 2010, Erste Auflage, S. 188. (im Folgenden zitiert als: Greshoff: Die Theorienvergleichsdebatte).

391 Kneer, Georg/Schroer, Markus: Soziologie als multiparadigmatische Wissenschaft. Eine Einleitung. In: Kneer, Georg/Schroer, Markus (Hrsg.): Handbuch Soziologie Theorien. VS Verlag für Sozialwissenschaften, Wiesbaden 2009, S. 7.

392 Ebenda, S. 8.

393 Vgl. ebenda, S. 8.

Teilt man diese Sichtweise, dann lässt sich folgern, dass ein hilfsweiser Rückgriff auf Kriterien des Theorienvergleichs auch zur Beurteilung sozialwissenschaftlicher Methodologien nützlich sein könnte. Das nächste Problem besteht nun darin, dass auch das Thema „Theorienvergleiche" in den Sozialwissenschaften insgesamt ein „Mauerblümchendasein" fristet[394]: Bisherige Versuche, eine Methodologie des Theorienvergleichs zu entwickeln, seien nur „[...] rudimentär, lückenhaft und nicht stringent genug" erfolgt[395], es sei auch nicht gelungen, einen wirklichen Konsens herzustellen, welches geeignete Kriterien für „gute Theorien" wären[396]. Dieses Problem ist indes nicht neu, besteht im Grunde schon seit den Anfängen der soziologischen „Theorienvergleichsdebatte" im Vorfeld des Kasseler Soziologentages 1974[397] und bleibt vermutlich zum Großteil der nach wie vor multiparadigmatisch[398] organisierten Gesamtsituation der Soziologie geschuldet.[399]

Einen zumindest partiellen Ausweg weisen jene Vorschläge, die einen interparadigmatischen, von der gesamten SoziologInnenschaft anerkannten Theorienvergleich zurückstellen und sich auf die Suche nach Kriterien begeben, mit denen zumindest ein innerparadigmatischer Theorienvergleich relativ problemlos (und anerkannt) möglich wäre: So etwa der Vorschlag von Seipel, innerhalb des „erklärenden Paradigmas" – bezogen auf jene Theorien, die sich explizit empiri-

394 Vgl. Seipel, a.a.O., S. 22. Impulse, eine DFG-Forschergruppe zu initiieren, in der versucht werden sollte, in theorievergleichender und integrativer Perspektive aus verschiedenen Ansätzen ein übergreifendes conceptual framework für die Sozialwissenschaften zu entwickeln, wurden erst 2008 von der Disziplin abschlägig beschieden und letztlich von der DFG (Deutsche Forschungsgemeinschaft) als nicht förderungswürdig eingestuft. Vgl. Greshoff, Die Theorienvergleichsdebatte, S. 210 FN 41.

395 Vgl. ebenda, S. 31.

396 Vgl. Frings, a.a.O., S. 92.

397 Für einen Überblick über die Diskussion sei verwiesen auf folgenden Sammelband: Hondrich, Karl Otto/Matthes, Joachim: Theorienvergleich in den Sozialwissenschaften. Luchterhand, Darmstadt und Neuwied 1978. Ebenso verwiesen sei auf die rückblickende Betrachtung vgl. Greshoff, Die Theorienvergleichsdebatte.

398 Als multiparadigmatische Wissenschaft beschreibe sich die Soziologie selbst, so Kneer und Schroer (vgl. Kneer/Schroer, a.a.O., S. 7). Die Autoren erklären: „Gemeint ist damit der Umstand, dass jede oder jeder, der sich auf das weite Feld soziologischer Theorien begibt, mit einer Vielzahl von Positionen, konzeptionellen Perspektiven, Ansätzen und Schultraditionen konfrontiert wird." Ebenda.

399 Vgl. etwa Gröbl-Steinbach, a.a.O., S. 47; Haller, a.a.O., S. 15. Esser kommentiert den Zustand lakonisch: „Aber genau das ist das Kreuz mit der Soziologie: Es ist eben keine arbeitsteilige Gesellschaft mit ‚organischer Solidarität' und einer ‚Einheit in der Vielfalt', sondern eher eine Ansammlung segmentärer Stammesgesellschaften, die sich gegenseitig misstrauisch beäugen, manchmal auch befehden, meistens aber nicht gestört werden wollen – solange die Sonne des Landesamtes für Besoldung scheint und die Auftragslage, egal woher, ganz einträglich ist." Esser, Wo steht die Soziologie, S. 309.

scher Überprüfung stellen wollen, wissenschaftstheoretische Kriterien des kritischen Rationalismus akzeptieren und den Anspruch einer erklärenden Soziologie unterstützen – nach gemeinsam geteilten Vergleichskriterien zu fahnden[400] oder der (etwas weiter gefasste) Vorschlag von Frings, den empirisch-analytischen Ansatz der Politikwissenschaft entsprechend zu durchleuchten.[401] Dies klingt nach einer guten Anknüpfungsmöglichkeit für (Modelle) mechanismischer Erklärungen und das MSE, die ja beide – wie einleitend bereits angemerkt – angetreten sind, das Erklärungsproblem der Sozialwissenschaften konstruktiv lösen zu wollen[402] (was die genannten Grundbekenntnisse selbstredend mit einschließt).

Folgende Qualitätskriterien (und mehrere Unterkriterien[403]) werden zur Bestimmung der „Fruchtbarkeit" entsprechender Theorien vorgeschlagen: (a) Präzision, (b) Charakter einer Erklärung, (c) empirischer Gehalt, (d) empirische Bewährung, (e) Ausmaß des Vorkommens in der aktuellen wissenschaftlichen Diskussion.[404] Das Kriterium der Präzision (a) – auch „logische Stringenz"[405], „Klarheit"[406] – erfordert, dass Theorien klar und präzise formuliert sind und nicht etwa logische Inkonsistenzen aufweisen.[407] Dies setzt Klarheit und Eindeutigkeit sowohl der verwendeten Begriffe, wie auch der „Struktur" der Theorien (verstanden als Beziehung zwischen den Begriffen) voraus.[408]

Das Kriterium des „Charakters einer Erklärung" (b) springt angesichts des vorgetragenen Anspruchs der beiden Methodologien direkt ins Auge: Es beinhaltet die Forderung, Erklärungen sozialer Sachverhalte mittels Angabe gesetzesartiger Hypothesen zu vollziehen, die letztlich eine Kausalbeziehung zwischen möglichen Ursachen bzw. Bedingungen und dem Explanandum herstellen.[409] Damit wird direkt auf das weiter oben bereits vorgestellte HO-Schema „deduktiv-nomologischer" Erklärungen rekurriert, was es nahelegt, die in diesem Zusammen-

---

400 Vgl. Seipel, a.a.O., S. 27f.

401 Vgl. Frings, a.a.O., S. 92ff.

402 Vgl. etwa, für mechanismische Erklärungen, Schmid, die Logik, S. 143; vgl., für das Makro-Mikro-Makro-Modell, Kroneberg, a.a.O., S. 226.

403 Vgl. dazu Frings, a.a.O., S. 92ff.; Opp, Methodologie, S. 155ff., 231ff.; Seipel, a.a.O., 44f., 89.

404 Kriterien a) bis d) vgl. Frings, a.a.O., S. 97f; 124 Abb. 17; Kriterium e) Opp, Karl-Dieter: Gesellschaftliche Krisen, Gelegenheitsstrukturen oder rationales Handeln? Ein kritischer Theorienvergleich von Erklärungen politischen Protests. In: Zeitschrift für Soziologie, Jg. 25, Heft 3, Juni 1996, S. 224 (im Folgenden zitiert als: Opp, Gesellschaftliche Krisen).

405 Vgl. Frings, a.a.O., S. 92.

406 Opp, Methodologie, S. 233.

407 Vgl. Frings, a.a.O., S. 92.

408 Vgl. Ebenda, S. 93; Opp, Methodologie, S. 231; 233f. .

409 Vgl. Frings, a.a.O., S. 93.

hang geforderten „Adäquatheitsbedingungen" direkt zum Maßstab zu erheben und als Kriterien für den Theorie- bzw. Methodologievergleich heranzuziehen.[410] Zusammengefasst ergeben sich vier Unterkriterien zur Bestimmung „guter" Erklärungen: 1. Korrekte Folgerung des Explanandums aus dem Explanans. 2. Nomologischer Charakter des Explanans insofern, dass es aus mindestens einem allgemeinen Gesetz (und Randbedingungen) besteht. 3. Empirischer Gehalt des Explanans, d. h. Gesetz und Randbedingungen müssen empirisch prüfbar sein. 4. Empirische Bewährung der Sätze des Explanans.[411]

Der empirische Gehalt des Explanans (entsprechend Kriterium (c)), auch „Informationsgehalt", bzw. „Erklärungskraft" genannt[412], erfasst unter anderem, wie viele spezifische Sachverhalte die Gesetzeskomponente bzw. (Handlungs-)Theorie erklären kann und ob der Anwendungsbereich einer Theorie relativ groß ist (dazu untersucht man Wenn- und Dann-Komponente der Hypothesen)[413]. Zugleich wird hier die Allgemeinheit der Aussage tangiert.[414] Die empirische Bewährung der Sätze des Explanans (auch „Gültigkeit"[415]) (dies entspricht Kriterium (d)) bemisst sich etwa danach, ob die Theorie (als Teil des Explanans) in empirischen Tests geprüft wurde und inwieweit sie sich dabei möglichst gut bewährt hat.[416]

Unproblematisch bleibt die Übernahme dieser Kriterien für den Methodologie-Vergleich nicht: So wird das HO-Schema nach wie vor von zahlreichen Vertretern des Mechanismus-Konzepts als unbrauchbar abgelehnt, dies insbesondere, weil grundsätzlich verneint wird, dass es die entsprechend notwendigen Gesetze in den Sozialwissenschaften jemals geben könne.[417] Dabei wird der Anschein erweckt, dass mechanismische Erklärungen geradezu als Alternative zum covering-law Ansatz zu betrachten seien.[418] Die zugrunde liegende Diskussion wurde bereits in Kapitel 2.2.4 dieser Arbeit eingeführt, sie kann hier nicht abschließend

---

410 Vgl. Ebenda, S. 93f.; Kroneberg, a.a.O., S. 235.

411 Vgl. Esser, Allgemeine Grundlagen, S. 43; Frings, a.a.O., S. 93f.; Opp, Methodologie, S. 54f..

412 Vgl. Opp, Methodologie, S. 155.

413 Vgl. Ebenda, S. 235.

414 Vgl. Frings, a.a.O., S. 97; Opp, Methodologie, S. 159.

415 Vgl. Opp, Gesellschaftliche Krisen, S. 223.

416 Vgl. Frings, a.a.O., S. 96f.

417 Vgl. etwa Manzo, a.a.O., S. 142f.; Ylikoski, Petri: The (hopefully) last stand of the covering-law theory: A reply to Opp. In: Social Science Information, Nr. 52 2013, S. 383ff.; vgl. obschon anderer Auffassung, dies bestätigend Maurer, Die Analytische Soziologie, S. 172.

418 Vgl. etwa Hedström/Ylikoski, a.a.O:, S. 54; Ylikoski, a.a.O., S. 387. Ylikoski schreibt: „The goal is to replace the HO theory, not just deny it." Ylikoski, a.a.O., S. 387.

geklärt werden.[419] Lehnt man das HO-Schema ab, so scheiden die entsprechenden Adäquatheitskriterien aus[420] (auch die Kriterien (c) und (d) wären gefährdet), stimmt man der Verwendung zu[421], sind weitere Anpassungen notwendig.

4.2.3 Mechanismische Erklärungen vs. MSE – Vergleichskriterien im Spannungsfeld, Grenzen der objektiven Beurteilbarkeit von Methodologien

Stimmt man den dargelegten Vorschlägen zu, bestimmte Kriterien des Theorienvergleichs bzw. „adäquater Erklärungen" auch für eine vergleichende Beurteilung sozial-wissenschaftlicher Methodologien grundsätzlich heranzuziehen, so gilt dennoch, dass vor einer „blinden" Übernahme dieser Theorie-Kriterien nur zu warnen ist: Für jedes Kriterium sollte deshalb jeweils im Detail geprüft werden, ob eine Anwendung adäquat erscheint, bzw. welche Probleme hierbei zu erwarten sind.

Auf ein grundsätzliches Problem sei schon vorab hingewiesen, nämlich die als Voraussetzung einer solchen Kriterienanwendung notwendige Explikation[422] (auch: „Rekonstruktion"[423]) der Methodologien, die schnell an Grenzen stößt: Etwa bezogen auf Brückenhypothesen oder Transformationsbedingungen als integralem Bestandteil des MSE (entsprechend: situational mechanisms oder transformational mechanisms), weil diese de facto äußerst variabel angelegt sind und erst am empirischen Anwendungsfall ihre letztendliche Ausgestaltung erfahren können. Oder bezogen auf die von Hedström verwendeten DBO-

419 M.E. liegen die „Gesetzes-Ablehner" teilweise einer zu engen Vorstellung des Gesetzesbegriffs auf, indem sie – wie etwa Manzo – davon ausgehen, es fehle den „Gesetzen" grundsätzlich an „causal depth" (vgl. Manzo, a.a.O., S. 143 FN 21), und die im Rahmen quantitativ-statistischer Analysen verwendeten covering-law Modelle seien ungeeignet, die interne Struktur und Dynamik eines Mechanismus wiederzugeben (vgl. ebenda, S. 143). Da umgekehrt von den gleichen Vertretern die Wichtigkeit einer Heranziehung nomologischen Wissens bzw. kausaler Generalisierungen zur Mechanismuskonstruktion explizit betont wird (vgl. Hedström/Ylikoski, a.a.O., S. 55; Manzo, a.a.O., S. 143), darf man sich zusammen mit Opp getrost fragen, was denn die Alternativen sein sollten, um statt mit Gesetzen (oder den im Explanans des HO-Schemas zugrundeliegenden Theorien) zu solchen, belastbaren und auch widerlegbaren Annahmen etwa über die in einem Mechanismus handelnden Akteure zu gelangen oder allgemein ursächliche Faktoren eines erklärenden Sachverhalts zu bestimmen (= „Selektionsproblem"). Vgl. Opp, Methodologie, S. 73f..

420 Und man müsste sich fragen lassen, ob dann überhaupt noch „erklärt" werden könnte, oder ob das Mechanismus-Konzept am Ende doch einem anderen, als dem erklärenden Paradigma zuzurechnen sei.

421 Vgl. Schmid, Soziale Mechanismen und Soziologische Erklärungen, S. 46; Kroneberg, a.a.O., S. 235.

422 Vgl. Seipel, a.a.O., S. 39ff.; S. 171.

423 Vgl. Opp, Gesellschaftliche Krisen, S. 240.

Konstruktionen, die wohl als Platzhalter bzw. flexible „Andockstelle" für verschiedene Handlungstheorien gedacht sind und diese auch erst im empirischen Anwendungsfall flexibel konkretisieren. Eine *generelle* Explikation/Rekonstruktion der beiden Methodologien, die über den empirischen Einzelfall hinausweist, ist somit nur eingeschränkt und stark abstrahierend möglich.

Nun zu den vorgeschlagenen Kriterien und möglichen Grenzen ihrer Anwendbarkeit: 1. Kriterium der Präzision (a): Bezogen auf einen möglichen Vergleich der Methodologien sozialer Mechanismen bzw. des MSE erscheint dieses Kriterium grundsätzlich nicht zu beanstanden.[424] 2. Kriterium des „Charakters einer Erklärung" (b) bzw. Adäquatheits-Bedingungen guter Erklärungen entsprechend des HO-Schemas: Hier kann die empirische Bewährung der Sätze des Explanans (dies entspricht Kriterium (d) weiter oben) grundsätzlich nur für die zugrunde gelegte Handlungstheorie generell (d. h. unabhängig vom Einzelfall) ermittelt werden, die für den Erklärungsgehalt ebenfalls wichtigen Brückenhypothesen oder Transformations-Bedingungen werden hingegen immer flexibel an empirische Fälle angepasst konstruiert und können lediglich verallgemeinerbare Teil-Modelle als Module enthalten.[425] Das Kriterium des empirischen Gehaltes des Explanans (entsprechend (c)) kann prinzipiell auf das MSE, wie auch auf Mechanismus-Modelle übertragen werden, es scheint nicht zu beanstanden. Ebenfalls bestehen gegen das Heranziehen des Ausmaßes, indem Theorien von Wissenschaftlern einer Disziplin vertreten, angewendet oder weiterentwickelt werden (e) – gewissermaßen als indirektes Maß der Fruchtbarkeit der Theorie – keine prinzipiellen Einwände.[426]

Ist nun alles abgedeckt, lässt sich mit diesen akzeptierten Beurteilungskriterien die „Performance" von Mechanismusmodellen oder dem MSE umfassend bewerten? Folgendes ist zu beachten: Mechanismische bzw. MSE-Erklärungen zeichnen sich über die verwendeten Hypothesen (im Rahmen der verschiedenen Modellierungsteilschritte) hinaus aus durch weitere wichtige Modellbausteine (Annahmen, die insbesondere methodische Wirkung entfalten[427]), wie etwa das Bekenntnis zum methodologischen Individualismus, damit Mehrebenen-Modellierung, eine angestrebte Modellierungsflexibilität in Richtung Prozessform, oder die Möglichkeit zur Angabe von Zwischenschritten für Interaktionsergebnisse, etc., deren Umsetzung bzw. Handhabbarkeit ihrerseits Einfluss auf die Gesamtbewertung der Methodologie haben müssen. Hier kommt auch wieder deren

424 Es ist unter Vertretern des empirisch-analytischen Ansatzes unumstritten. Vgl. Frings, a.a.O., S. 92.

425 Die sich dann wieder umfassend empirisch bewähren können, oder eben nicht.

426 Wie zuverlässig dieses Kriterium als Messinstrument ist und was es sonst noch so misst, bleibt natürlich eine empirisch zu klärende Frage. Implizit wurde es bereits in der vorliegenden Arbeit – zur Auswahl der beiden Erklärungs-Methodologien Soziale Mechanismen vs. MSE – angewendet.

427 Vgl. Greshoff, Aufklärung und Integration, S. 199.

Heuristik-Charakter ins Spiel und damit das weiter oben bereits identifizierte Kriterium der „Komplexitätsreduktion“ bzw. „Einfachheit“[428] (auch: „Sparsamkeit“[429]).

Dieses fungiert vorrangig als Korrektiv für die anderen genannten Kriterien (a) bis (e) – deren maximierte Performance sich für alle (Teil-)Mechanismen bzw. Teilschritte der Badewanne ohnehin gleichzeitig niemals sinnvoll erreichen ließe. Hier bestehen Spannungsverhältnisse, die sich in der Praxis nie vollständig auflösen lassen: Etwa zwischen Einfachheit und Präzision – als Lösungsmöglichkeit käme z.B. folgende Faustformel in Betracht: „Ein theoretisches Modell sei so reduziert wir möglich, so adäquat wie nötig.“[430] Oder zwischen Einfachheit/ Sparsamkeit und empirischer Bewährung/Realismus der Annahmen.[431] Dieses Phänomen wird auch „Problem der abnehmenden Abstraktion“ genannt[432]; eine pragmatische Faustregel, wie damit umzugehen wäre, lautet laut Esser wiederum: „Modelliere so einfach wie möglich und so realistisch wie nötig!“[433] Kroneberg entwickelt aus diesem ständigen Widerstreit ein Kriterium der „Modulierbarkeit“, das für im Rahmen von Mehrebenen-Modellen verwendete Handlungstheorien angeben soll, in welchem Maße die Theorien aus Sicht des Forschers beides flexibel handhabbar leisten können: Sowohl starke Vereinfachungen bzw. Abstrahierungen – um etwa auch komplexe Aggregationsverhältnisse abbilden zu können – als auch „auf maximale empirische Adäquatheit abzielende Handlungserklärungen“.[434]

Letzten Endes zeigt sich: Zur vergleichenden Beurteilung von Mechanismus-Modellen und Erklärungen nach dem MSE lassen sich prinzipiell ausgewählte

---

428 Es wird von zahlreichen Vertretern einer modellierenden Soziologie explizit gefordert: Vgl. Opp, Methodologie, S. 109; Esser, Allgemeine Grundlagen, S. 127; Albert, a.a.O., S. 533.

429 Vgl. Kroneberg, a.a.O., S. 240. Es mag häufig eine gewisse Überschneidung mit dem Kriterium der „Präzision“ bestehen. Allerdings sind präzise, klar und logisch stringent formulierte Theorien vorstellbar, die aufgrund der schieren Fülle ihrer Einflussfaktoren jeglichen Rahmen „sparsamer“ Modellbildung sprengen.

430 Vgl. Schimank, Uwe: Theoretische Modelle sozialer Strukturdynamiken: ein Gefüge von Generalisierungsniveaus. In: Mayntz, Renate (Hrsg.): Akteure – Mechanismen – Modelle. Zur Theoriefähigkeit makro-sozialer Analysen. Campus Verlag, Frankfurt/ New York 2002, S. 153f.

431 Vgl. Esser, Allgemeine Grundlagen, S. 133f; Kroneberg, a.a.O., S. 240, 244.

432 Vgl. Esser, Allgemeine Grundlagen, S. 133ff.; Kroneberg, a.a.O., 249f.; vgl. auch Albert, a.a.O., S. 532f. So seien bei jedem Erklärungsschritt des MSE Vertiefungen und Verfeinerungen möglich, jedoch laute die allgemeine Vorsichtsregel: „Lohnt sich die Vertiefung und Verfeinerung vor dem Hintergrund des damit eingehandelten Verlustes an Einfachheit des gesamten Modells?“ Esser, Allgemeine Grundlagen, S. 249.

433 Esser, Allgemeine Grundlagen, S. 140.

434 Vgl. Kroneberg, a.a.O, S. 240, 244.

Kriterien der (nach wie vor nicht abgeschlossenen) Theorienvergleichsdebatte entnehmen und unter Berücksichtigung einiger Beschränkungen auch verwenden. Aufgrund ihres heuristischen Charakters, ihrer zusätzlichen funktionalen Rolle als flexibles Mehrebenen-Erklärungsinstrument in den Händen des praktizierenden Sozialwissenschaftlers, ergeben sich jedoch zusätzliche Anforderungen wie Einfachheit oder Handhabbarkeit – mit der Folge daraus erwachsender Spannungsverhältnisse zwischen den einzelnen Kriterien. Diese können letztlich nur anhand subjektiver Erklärungsinteressen und damit Schwerpunktsetzungen des Forschers austariert werden.

5 Zusammenfassung und Schluss

Es ging in dieser Arbeit um das Verhältnis zweier prominenter Erklärungswerkzeuge der Sozialwissenschaften: Dem neuerdings vermehrt diskutierten Mechanismus-Konzept stand dabei das „klassische" Badewannenmodell Esserscher Prägung gegenüber – das Modell Soziologischer Erklärung (MSE). Es bestand der Anfangsverdacht, dass sich hinter dem Schlagwort „Mechanismus" lediglich eine neue, gängige Namensgebung für (alt-)bekannte und von Esser und Co bereits in mustergültiger Weise „gelöste" methodologische Probleme verbarg. Das entspräche lediglich einem neuen Ausschenken des alten, bereits gut gereiften Weines!

Um herauszufinden, inwieweit sich beide Erklärungsmethodologien inhaltlich entsprechen, bzw. inwieweit soziale Mechanismen im MSE modellierend integrierbar sind, wurde anhand der einschlägigen Literatur zunächst das Mechanismus-Konzept allgemein vorgestellt (Kapitel 2.1), bevor sich anschließend fünf zentrale Definitions-Bausteine isolieren ließen, die dieses Konzept tragen (Kapitel 2.2): Generative Ursache-Wirkungsverknüpfung, Prozessform, Handeln von Akteuren als Träger/Mehrebenendifferenzierung, Regelmäßigkeit des strukturellen Auftretens/Generalisierbarkeit und Reflexivität/Rekursivität. Im weiteren Verlauf der Arbeit ließen sich diese Mechanismus-Bausteine auf das MSE anwenden und überlegen, ob, bzw. in welcher Gestalt sie sich dort wieder finden oder reproduzieren lassen (Kapitel 3.2). Die Ergebnisse dieser Überlegungen sind in Tabelle 3 zusammengefasst:

Tabelle 3: Zentrale Bausteine des Mechanismus-Konzepts und ihre Umsetzung im Modell Soziologischer Erklärung (MSE):

Zentrale Bausteine des Mechanismus-Konzepts		Im *Modell Soziologischer Erklärung (MSE)*
Generative Ursache-Wirkungs-Verknüpfung	• soziales Phänomen als Ursache-Wirkungsverknüpfung • gegen Black Box-Erklärungen: Wie und warum hängen Input/Output zusammen? • Angabe von Zwischenschritten nötig	• soziales Phänomen als Ursache-Wirkungsverknüpfung • gegen Black Box-Erklärungen: Wie und warum hängen Soziale Situation und Explanandum zusammen? • Zwischenschritte: Logik der Situation, Logik der Selektion, Logik der Aggregation • Soziale Situation wirkt ursächlich, aber indirekt auf kollektives Explanandum

Prozessform	• Mechanismus als Prozess, der an der Erzeugung eines sozialen Phänomens aktiv beteiligt ist • offen, wie komplex und wie viele Zwischenschritte enthalten • Allgemeine Prozessstruktur: Input/Ursache – Mechanismus – Output/Wirkung	• Zwischenschritte erlauben bereits im Grundmodell dynamische und schrittweise, d. h. prozesshafte Erklärung • klar definiertes Raster für Zwischenschritte • Grundmodell lässt sich optional horizontal erweitern und beliebig oft in Reihe schalten; soziale Prozesse mit Situations-Abfolgen sind so als Ketten des Grundmodells darstellbar • Allgemeine Prozessstruktur*: Input/Soziale Situation – *Logik der Situation* – Akteur – *Logik der Selektion* – Handlung – *Logik der Aggregation* – Output/kollektives Explanandum * bezogen auf das Grundmodell; bei horizontaler Erweiterung wird diese Struktur periodisch aneinandergereiht; am Ende einer Sequenz treten externe Einflüsse hinzu, der Output wird Input der nächsten Sequenz
Handeln von Akteuren als Träger / Mehrebenen-Differenzierung	• Bekenntnis zum Methodologischen Individualismus: Deshalb akteurstheoretische Fundierung • Im Zentrum: Akteure, d. h. Individuen als Kern-Entitäten und ihre Handlungen als Kern-Aktivitäten • Mechanismen als Bindeglieder einer Mikro-Makro-Beziehung • allgemeine Akteur-/Handlungstheorie erforderlich, die auch Interaktionen bzw. Wechselhandeln erfassen kann	• Bekenntnis zum Methodologischen Individualismus: Deshalb akteurstheoretische Fundierung • Im Zentrum: Durch Situationen strukturiertes Handeln von Individuen • Analytische Differenzierung des Sozialen Geschehens in Mikro und Makro • vertikale Erweiterung des Grundmodells möglich durch Einziehung mehrerer Mesoebenen • allgemeine Akteur-/Handlungstheorie erforderlich • Modellierung von Interaktionen und Wechselhandeln möglich über vertikale oder horizontale Erweiterung des Grundmodells
Regelmäßigkeit des strukturellen Auftretens / Generalisierbarkeit	• Mechanismus ist über den Einzelfall hinausgehend • tritt der Struktur nach regelmäßig auf • ist im Ablauf verallgemeinerbar • kann als Modell auf unterschiedlichste Problemfelder angewandt werden • Aufspüren von Generalisierungen als Ziel	• MSE als Analyseraster für nahezu beliebig viele soziale Phänomene • Fahndung nach formal ähnlichen Konstellationen mit unterschiedlichem Inhalt zu unterschiedlichen Zeitpunkten • Aufspüren verallgemeinerungsfähiger Abläufe spielt bei allen Teilschritten eine Rolle • regelmäßige, verallgemeinerbare Ergebnisse, die über Einzelfall hinausgehen, als Ziel der Anwen-

	• sozialwissenschaftliche Gesetze als Bestandteil von Mechanismen, als Brücke zur Generalisierbarkeit (allgemeine Akteur- /Handlungstheorie)	dung • sozialwissenschaftliche Gesetze als Bestandteil der Logik der Selektion, als Brücke zur Generalisierbarkeit (allgemeine Akteur- / Handlungstheorie)
Reflexivität / **Rekursivität**	• Rückbezug einer sozialen Struktur auf sich selbst mit Einwirkung auf eigenen Prozessablauf • Ergebnis: Zirkuläre Kopplung von Ursache und Wirkung • Gefordert: Angabe von Rückwirkungsfunktion auf Anfangssituation	• Soziale Strukturen verändern sich nur über Handeln von Akteuren • Vorsicht: Direkte Rückschleifen-Darstellung verstößt gegen Methodologischen Individualismus, wenn sie nicht selbst Tiefen-Struktur einer Badewanne aufweist; außerdem drohen Tautologie-Probleme • Alternative: Rückwirkung defacto als prozessuale „Vorwärtswirkung" darstellbar; über In-Reihe-Schaltung des Grundmodells (horizontale Erweiterung)
	• Ziel: Modellierung von Struktureffekten im Zeitverlauf; z.B. Darstellung von Entwicklungsdynamiken	• Modellierung von Struktureffekten im Zeitverlauf problemlos realisierbar • Forderung: Reflexivität/Rekursivität als eigenständigen Mechanismusbaustein verwerfen

Grundsätzlich finden sich vier der fünf gängigen Mechanismus-Bausteine eindeutig im MSE wieder, lediglich bei einem – der Reflexivität bzw. Rekursivität – stehen inhaltliche Bedenken gegen eine direkte Übertragbarkeit angesichts eines zu befürchtenden Verstoßes gegen das Prinzip des Methodologischen Individualismus und mögliche Tautologie-Probleme. Rekursivität wurde in Folge als eigenständiger Mechanismusbaustein zurückgewiesen. Hält man an ihm fest, dann lässt er sich über den „Trick" der Umwandlung in eine vorwärtswirkende Prozess-Erklärung mit situationalen Zwischenstadien defacto dennoch formal problemlos in das MSE integrieren. Ferner wurden zwei prominente Vorschläge zur Modellierung mechanismischer Erklärungen, von Peter Hedström und Michael Schmid, vorgestellt (Kapitel 2.3) und ebenfalls in die Sprache des MSE übersetzt (Kapitel 3.3). Mithilfe einiger Konkretisierungen bzw. begrifflicher Anpassungen gelang auch hier die Integration im Ganzen problemlos. In kritischer Perspektive konnten durch die Brille des MSE zudem „Probleme" bzw. Unbestimmtheiten der beiden Modellierungsvorschläge herausgearbeitet werden, nebst entsprechender Optimierungsvorschläge.

Der Umstand, dass die zentralen Bausteine des Mechanismus-Konzepts, wie auch die Mechanismus-Modelle von Hedström und Schmid, problemlos innerhalb des vertikal wie horizontal erweiterbaren MSE darstellbar sind, legt den starken Verdacht nahe, dass sich beide Erklärungskonzepte in einem logischen

Ähnlichkeitsverhältnis befinden. Unterschiedliche Thesen bezüglich eines möglichen „Spezialfall"- bzw. Mengen-Teilmengen-Verhältnisses wurden in Kapitel 4.1 diskutiert. Im Ergebnis sprechen einige Gründe dafür, beide Konzepte tatsächlich als inhaltlich deckungsgleich zu betrachten. Voraussetzung dafür ist allerdings zum einen, jene Stimmen innerhalb des Forschungsprogramms der „Analytischen Soziologie" auszuklammern, die Mechanismus-Erklärungen auf Basis des HO-Schemas grundsätzlich ablehnen und zum anderen, die in den jeweiligen Modellen verwendeten Handlungstheorien als kompatibel bzw. entsprechend anpass- und austauschbar zu betrachten. An dieser Stelle besteht ausdrücklich weiterer Forschungsbedarf!

Lohnenswert erschiene es, anhand typischer sozialwissenschaftlicher Erklärungsprobleme zu prüfen, inwieweit Mechanismus-Modellierungen und das MSE zu äquivalenten Erklärungsrekonstruktionen gelangen und welchen Unterschied die verwendeten Handlungstheorien machen. Nur am empirischen Fall orientiert lassen sich zentrale erklärungsrelevante Hypothesen der Modelle (Brückenhypothesen oder Transformationsbedingungen) exakt genug bestimmen, um sie einer formal befriedigenden Explikation für einen systematischen, Kriterienorientierten Methodologievergleich unterziehen zu können. Ein solcher wurde in der vorliegenden Arbeit lediglich angedeutet, wobei insbesondere die Schwierigkeiten und Spannungsverhältnisse diskutiert wurden, die sich im Rahmen einer hilfsweisen Heranziehung von Qualitätskriterien von Theorien für den Methodologievergleich ergeben. Es wäre wünschenswert, eine Forschungsrichtung „Methodologievergleich" zu etablieren, um mittelfristig die Stärken und Schwächen der verschiedenen Konzeptionen zu bestimmen und auch zu klaren Empfehlungen hinsichtlich ihrer Anwendung zu kommen. Denn eine abschließende, umfassende Beurteilung der Qualität und Fähigkeiten des Mechanismus-Konzepts, wie der Esserschen Badewanne, steht ebenfalls noch aus.

Insofern kommt hinter den folgenden Antwortsatz auf die eingangs gestellte Frage ein weiteres Fragezeichen der Vorläufigkeit. Ja, mit Blick auf die zentralen Bausteine des nach wie heterogenen Mechanismuskonzepts, wie auch die vorgeschlagenen Modellierungsvorschläge, scheint es tatsächlich alter Wein zu sein, der hier umetikettiert erneut ausgeschenkt wird! Selbst die (hochmodernen) ECA-Computersimulationen a la Peter Hedström mögen nicht darüber hinwegtäuschen, dass es die Logik der Aggregation als Teil der klassischen Badewanne ist, die diesen Erklärungsschritt anleitet und entsprechend auch Vorstellungen darüber impliziert, welche DBO-Konstellationen noch als „flexibel handhabbar" gelten dürften und welche andererseits als unrealistische, situationslogisch unmodellierbare Computerspielereien von vorne herein auszusortieren wären. Es wurde im Laufe dieser Arbeit kein Grund ersichtlich, warum man darauf verzichten sollte, (zusammen mit Bernhard Prosch) „ […] mangels herausragender Alternativen doch mit der ‚Badewanne' über das Meer der Sozialforschung zu paddeln."[435]

Wozu also der Hype um das stellenweise unbestimmte und in zentralen Fragen (wie dem Stellenwert des HO-Schemas) nach wie vor höchst umstrittene Mechanismus-Konzept? Konsequent erscheint es, dem Beispiel derer zu folgen, die anregen, „Soziale Mechanismen" grundsätzlich auf Basis des MSE zu rekonstruieren.[436] Verwendete man dabei obendrein dessen m.E. völlig ausreichende Analyseterminologie, ließe sich damit pragmatisch der Mahnung von Hedström und Ylikoski begegnen, die auf Gefahren des „lazy mechanism-based storytelling" hinweisen: „Continuing along the same paths as before and simply interpreting one's research findings in mechanism terms will not suffice."[437] Natürlich, mag man sich denken. Es besteht überhaupt kein Anlass dafür.

---

435 Prosch, a.a.O., S. 4192.

436 Vgl. etwa Maurer, Soziale Mechanismen, S. 154; Kroneberg, a.a.O., S. 222.

437 Hedström/Ylikoski, a.a.O., S. 64.

6 Literatur

Albert, Gert: Sachverhalte in der Badewanne. Zu den allgemeinen ontologischen Grundlagen des Makro-Mikro-Makro-Modells der soziologischen Erklärung. In: Greve, Jens/Schnabel, Annette, Schützeichel, Rainer (Hrsg.): Das Mikro-Makro-Modell der soziologischen Erklärung. Zur Ontologie, Methodologie und Metatheorie eines Forschungsprogramms. VS Verlag für Sozialwissenschaften, Wiesbaden, 1. Auflage 2008, S. 21–48.

Albert, Gert: Handlungstheorien Mittlerer oder Universaler Reichweite? Zu einer latenten methodologischen Kontroverse. In: Albert, Gert/Sigmund, Steffen (Hrsg.): Soziologische Theorie kontrovers. Kölner Zeitschrift für Soziologie und Sozialpsychologie, Sonderheft 50. VS Verlag für Sozialwissenschaften, Wiesbaden 2010, S. 526–561.

Balog, Andreas: Verstehen und Erklären bei Max Weber. In: Greshoff, Rainer/Kneer, Georg/Schneider, Wolfgang Ludwig (Hrsg.): Verstehen und Erklären. Sozial- und kulturwissenschaftliche Perspektiven. Wilhelm Fink Verlag, München 2008, S. 73–93.

***Bearman, Peter/Moody, James/Stovel, Katherine: Chains of Affection*:** The Structure of Adolescent Romantic and Sexual Networks. In: American Journal of Sociology, Nr. 110, 2004, S. 44–91.

Bierhoff, Hans-Werner: Sozialpsychologie. Ein Lehrbuch. Verlag W. Kohlhammer, Stuttgart, 6. Auflage 2006.

Böhm, Jan M.: Verstehen und Erklären bei Karl Popper. In: Greshoff, Rainer/Kneer, Georg/Schneider, Wolfgang Ludwig (Hrsg.): Verstehen und Erklären. Sozial- und kulturwissenschaftliche Perspektiven. Wilhelm Fink Verlag, München 2008, S. 365–390.

Bornmann, Lutz: Die analytische Soziologie: Soziale Mechanismen, DBO-Theorie und Agentenbasierte Modelle: In: Österreichische Zeitschrift für Soziologie 35 (2010), Heft 4, S. 25–44.

Brady, Henry E./Sniderman, Paul M.: Attitude Attribution: A Group Basis für Political Reasoning. In: The American Political Science Review 79, Nr. 4 1985, S. 1061–1078.

Diekmann, Andreas: Analytische Soziologie und Rational Choice. In: Kron, Thomas/Grund, Thomas (Hrsg.): Die Analytische Soziologie in der Diskussion. VS Verlag für Sozialwissenschaften, Wiesbaden, 1. Auflage 2010, S. 193–204.

Elster, J.: A plea for mechanisms. In: Hedström, Peter/Swedberg, Richard (Hrsg.): Social Mechanisms. An Analytical Approach to Social Theory, Cambridge UK: Cambridge University Press 1998, S. 45–73.

Esser, Hartmut: Soziologie. Allgemeine Grundlagen. Campus Verlag, Frankfurt am Main/New York, 3. Auflage 1999.

Esser, Hartmut: Soziologie. Spezielle Grundlagen. Band 1: Situationslogik und Handeln. Campus Verlag, Frankfurt am Main 1999.

Esser, Hartmut: Soziologie. Spezielle Grundlagen. Band 2: Die Konstruktion der Gesellschaft. Campus Verlag, Frankfurt am Main 2000.

Esser, Hartmut: Soziologie. Spezielle Grundlagen. Band 6: Sinn und Kultur. Campus Verlag, Frankfurt am Main 2001.

Esser, Hartmut: Was könnte man (heute) unter einer „Theorie mittlerer Reichweite" verstehen? In: Mayntz, Renate (Hrsg.): Akteure – Mechanismen – Modelle. Zur Theoriefähigkeit makro-sozialer Analysen. Campus Verlag, Frankfurt am Main/New York 2002, S. 128–150.

Esser, Hartmut: Soziologische Anstöße. Campus Verlag, Frankfurt/New York 2004.

Esser, Hartmut: Verfällt die „soziologische Methode"? In: Esser, Hartmut: Soziologische Anstöße. Campus Verlag, Frankfurt/New York 2004, S. 19–45.

Esser, Hartmut: Wo steht die Soziologie? In: Esser, Hartmut: Soziologische Anstöße. Campus Verlag, Frankfurt/New York 2004, S. 301–315.

Esser, Hartmut: Affektuelles Handeln: Emotionen und das Modell der Frame-Selektion. In: Schützeichel, Rainer (Hrsg.): Emotionen und Sozialtheorie. Disziplinäre Ansätze. Campus Verlag, Frankfurt/Mainz/New York 2006, S. 143–174.

Esser, Hartmut: Erwiderung: Bringing society (back) in! In: Hill, Paul/Kalter, Frank/Kopp, Johannes/Kroneberg, Clemens/Schnell, Rainer (Hrsg.): Hartmut Essers Erklärende Soziologie. Kontroversen und Perspektiven. Campus Verlag, Frankfurt/New York 2009, S. 255–287.

Esser, Hartmut: Das Modell der Frame- Selektion als Überwindung der Theorie der rationalen Wahl. In: Albert, Gert/Sigmund, Steffen (Hrsg.): Soziologische Theorie kontrovers. Kölner Zeitschrift für Soziologie und Sozialpsychologie, Sonderheft 50/2010. VS Verlag für Sozialwissenschaften, Wiesbaden 2011, S. 45–62.

Esser, Hartmut/Troitzsch, Klaus G.: Einleitung: Probleme der Modellierung sozialer Prozesse. In: Esser, Hartmut/Troitzsch, Klaus G. (Hrsg.): Die Modellierung sozialer Prozesse. Neuere Ansätze und Überlegungen zur Theoriebildung. Ausgewählte Beiträge von Tagungen der Arbeitsgruppe „Modellierung sozialer Prozesse" der Deutschen Gesellschaft für Soziologie (1986 – 1989), Bonn (Informationszentrum Sozialwissenschaften) 1991, S. 13–25.

Florian, Michael: Die *Self-fulfilling prophecy* als reflexiver Mechanismus. Überlegungen zur Reflexivität sozialer Praxis. In: Schmitt, Marco/Florian, Michael/Hillebrandt, Frank (Hrsg.): Reflexive soziale Mechanismen. Von soziologischen Erklärungen zu sozionischen Modellen. VS Verlag für Sozialwissenschaften, Wiesbaden 2006, S. 165–201.

Frings, Cornelia: Soziales Vertrauen. Eine Integration der soziologischen und der ökonomischen Vertrauenstheorie. VS Verlag für Sozialwissenschaften, Wiesbaden 2010.

Greshoff, Rainer: Soziologische Grundlagen kontrovers: erklärende Soziologie (Esser) versus soziologische Systemtheorie (Luhmann) – wie groß sind die Unterschiede? In: Schimank, Uwe/Greshoff, Rainer (Hrsg.): Was erklärt die Soziologie? Methodologien, Modelle, Perspektiven. LIT Verlag, Berlin 2005, S. 78–119.

Greshoff, Rainer: Aufklärung und Integration von Theorienvielfalt durch methodische Theorienvergleiche – Die Esser-Luhmann-Kontroverse als Beispiel. In: Balog, Andreas/Schülein, August (Hrsg.): Soziologie, eine multiparadigmatische Wissenschaft. Erkenntnisnotwendigkeit oder Übergangsstadium? In: VS Verlag für Sozialwissenschaften, Wiesbaden, 1. Auflage 2008, S. 187–224.

Greshoff, Rainer: Verstehen und Erklären bei Hartmut Esser. In: Greshoff, Rainer/Kneer, Georg/Schneider, Wolfgang Ludwig (Hrsg.): Verstehen und Erklären. Sozial- und kulturwissenschaftliche Perspektiven. Wilhelm Fink Verlag, München 2008, S. 413–443.

Greshoff, Rainer: Das >>Modell der soziologischen Erklärung<< als Kombination von methodischen und gegenständlichen Annahmen, um soziale Aggregationen erklären zu können. In: Rehberg, Karl-Siegbert (Hrsg.): Die Natur der Gesellschaft: Verhandlungen des 33. Kongresses der Deutschen Gesellschaft für Soziologie in Kassel 2006. Campus Verlag, Frankfurt am Main 2008, S. 4206–4215.

Greshoff, Rainer: Strukturtheoretischer Individualismus. In: Kneer, Georg/ Schroer, Markus (Hrsg.): Handbuch Soziologische Theorien. VS Verlag für Sozialwissenschaften, Wiesbaden 2009, S. 445–467.

Greshoff, Rainer: Die Theorienvergleichsdebatte in der deutschsprachigen Soziologie. In: Kneer, Georg und Moebius, Stephan (Hrsg.): Soziologische Kontroversen. Beiträge zu einer anderen Geschichte der Wissenschaft vom Sozialen. Suhrkamp Verlag, Berlin, 1. Auflage 2010, S. 182–216.

Greshoff, Rainer: Wie aussage- und erklärungskräftig sind die sozialtheoretischen Konzepte Peter Hedströms? In: Kron, Thomas/Grund, Thomas (Hrsg.): Die Analytische Soziologie in der Diskussion. VS Verlag für Sozialwissenschaften, Wiesbaden, 1. Auflage 2010, S. 67–90.

Greshoff, Rainer: Die Produktion des Sozialen als Erklärungsproblem. Oder: Ist es rational, komplexes Sozialgeschehen mittels methodologisch-individualistisch fundierter Konzepte zu erklären? In: Andrea Maurer/Uwe Schimank (Hrsg.): Die Rationalitäten des Sozialen. VS Verlag für Sozialwissenschaften, Wiesbaden 2011, S. 183–213.

Greshoff, Rainer/Schimank, Uwe: Einleitung: Was erklärt die Soziologie? In: Schimank, Uwe/Greshoff, Rainer (Hrsg.): Was erklärt die Soziologie? Methodologien, Modelle, Perspektiven. LIT Verlag, Berlin 2005, S. 7–42.

Greve, Jens/Schnabel, Annette/Schützeichel, Rainer: Einleitung zur Ad-hoc-Gruppe: Zur Ontologie der >>Badewanne<< – sozialtheoretische Probleme des Makro-Mikro-Makro-Erklärungsmodells. In: Rehberg, Karl-Siegbert (Hrsg.): Die Natur der Gesellschaft: Verhandlungen des 33. Kongresses der Deutschen Gesellschaft für Soziologie in Kassel 2006. Campus Verlag, Frankfurt am Main 2008, S. 4181–4185.

Gröbl-Steinbach, Evelyn: Soziale Welt und Realismus in der soziologischen Theorie. In: Balog, Andreas/Schülein, August (Hrsg.): Soziologie, eine multiparadigmatische Wissenschaft. Erkenntnisnotwendigkeit oder Übergangsstadium? In: VS Verlag für Sozialwissenschaften, Wiesbaden, 1. Auflage 2008, S. 47–61.

Haller, Max: Soziologische Theorie im systematisch-kritischen Vergleich. Leske + Budrich, Opladen 1999.

Hartig-Perschke, Rasco: Kommunikation, Kausalität, Struktur – Zur Entstehung sozialer Mechanismen im Modus kommunikativ vermittelter Reflexivität. In: Schmitt, Marco/Florian, Michael/Hillebrandt, Frank (Hrsg.): Reflexive soziale Mechanismen. Von soziologischen Erklärungen zu sozionischen Modellen. VS Verlag für Sozialwissenschaften, Wiesbaden 2006, S. 229–254.

Hedström, Peter: Anatomie des Sozialen – Prinzipien der analytischen Soziologie. VS Verlag für Sozialwissenschaften, Wiesbaden 2008.

Hedström, Peter/Swedberg, Richard (Hrsg.): Social Mechanisms. An Analytical Approach to Social Theory. Cambridge UK: Cambridge University Press 1998.

Hedström, Peter/Swedberg, Richard: Social mechanisms: An introductory essay. In: Hedström, Peter/Swedberg, Richard (Hrsg.): Social Mechanisms. An Analytical Approach to Social Theory. Cambridge UK: Cambridge University Press 1998, S. 1–31.

Hedström, Peter/Ylikoski, Petri: Causal Mechanisms in the Social Sciences. In: Annual Review of Sociology 36, 2010, S. 49–67.

Hempel, Carl G./Oppenheim, Paul: Studies in the Logic of Explanation. In: Philosophy of Science, 15, 1948, S. 135–175.

***Hill, Paul/Kalter, Frank/Kopp, Johannes/Kroneberg, Clemens/Schnell, Rainer*:** Einleitung: Eine Auseinandersetzung mit Hartmut Esser. In: Hill, Paul/Kalter, Frank/Kopp, Johannes/Kroneberg, Clemens/Schnell, Rainer (Hg.): Hartmut Essers Erklärende Soziologie. Kontroversen und Perspektiven. Campus Verlag, Frankfurt/New York 2009, S. 11–16.

Hondrich, Karl Otto/Matthes, Joachim: Theorienvergleich in den Sozialwissenschaften. Luchterhand, Darmstadt und Neuwied 1978.

Jäger, Wieland/Weinzierl, Ulrike: Moderne soziologische Theorien und sozialer Wandel. VS Verlag für Sozialwissenschaften, Wiesbaden, 2. Auflage 2011.

Kaven, Carsten: Soziale Mechanismen im akteurzentrierten Institutionalismus – eine Kritik. Discussion Paper. Zentrum für Ökonomische und Soziologische Studien, Universität Hamburg 2010.

Kneer, Georg/Schroer, Markus: Soziologie als multiparadigmatische Wissenschaft. Eine Einleitung. In: Kneer, Georg/Schroer, Markus (Hrsg.): Handbuch Soziologie Theorien. VS Verlag für Sozialwissenschaften, Wiesbaden 2009, S. 7–18.

Koenig, Matthias: Soziale Mechanismen und relationale Soziologie. In: Rehberg, Karl-Siegbert (Hrsg.): Die Natur der Gesellschaft: Verhandlungen des 33. Kongresses der Deutschen Gesellschaft für Soziologie in Kassel 2006. Campus Verlag, Frankfurt am Main 2008, S. 2896–2906.

Kron, Thomas: Mechanistisch-soziologisches Erklärungsmodell – Auf dem Weg zu einer „generativen Soziologie". In: Schimank, Uwe/Greshoff, Rainer (Hrsg.): Was erklärt die Soziologie? Methodologien, Modelle, Perspektiven. LIT Verlag, Berlin 2005, S. 170–203.

Kron, Thomas/Lasarczyk, Christian W.G.: Zur sozionischen Notwendigkeit mechanistisch-soziologischer Erklärungen. In: Schmitt, Marco/Florian, Michael/Hillebrandt, Frank (Hrsg.): Reflexive soziale Mechanismen. Von soziologischen Erklärungen zu sozionischen Modellen. VS Verlag für Sozialwissenschaften, Wiesbaden 2006, S. 105–137.

***Kron, Thomas/Grund, Thomas* (Hrsg.):** Die Analytische Soziologie in der Diskussion. VS Verlag für Sozialwissenschaften, Wiesbaden, 1. Auflage 2010.

Kroneberg, Clemens: Methodologie statt Ontologie. Das Makro-Mikro-Makro-Modell als einheitlicher Bezugsrahmen der akteurstheoretischen Soziologie. In: Greve, Jens/Schnabel, Annette/Schützeichel, Rainer (Hrsg.): Das Mikro-Makro-Modell der soziologischen Erklärung. Zur Ontologie, Methodologie und Metatheorie eines Forschungsprogramms. VS Verlag für Sozialwissenschaften, Wiesbaden, 1. Auflage 2008, S. 222–247.

Langer, Roman: Transintentionale Mechanismen sozialer Selbstorganisation. In: Schmitt, Marco/Florian, Michael/Hillebrandt, Frank (Hrsg.): Reflexive soziale Mechanismen. Von soziologischen Erklärungen zu sozionischen Modellen. VS Verlag für Sozialwissenschaften, Wiesbaden 2006, S. 65–103.

Lehmbruch, Gerhard: „Die Messung des Einflusses von ‚Verteilungskoalitionen': Zu Weedes Überprüfung von Olsons Stagnationshypothese", in: Politische Vierteljahresschrift 1986, Nr. 27, S. 415–420.

Manzo, Gianluca: Analytical Sociology and its Critics. In: European Journal of Sociology, 51 (1) 2010, S. 129–170.

Maurer, Andrea: Soziale Mechanismen und das struktur-individualistische Erklärungsprogramm. Zur forschungspraktischen Verortung sozialer Mechanismen. In: Schmitt, Marco/Florian, Michael/Hillebrandt, Frank (Hrsg.): Reflexive soziale Mechanismen. Von soziologischen Erklärungen zu sozionischen Modellen. VS Verlag für Sozialwissenschaften, Wiesbaden 2006, S. 141–164.

Maurer, Andrea: Die Analytische Soziologie Peter Hedströms und die Tradition der rationalen Sozialtheorie. In: Kron, Thomas/Grund, Thomas (Hrsg.): Die Analytische Soziologie in der Diskussion. VS Verlag für Sozialwissenschaften, Wiesbaden, 1. Auflage 2010, S. 165–192.

Maurer, Andrea/Schmid, Michael: Mechanismen in der erklärenden Soziologie. Zur Logik und Forschungspraxis mechanismischer Erklärungen am Beispiel des Machtmechanismus. In: Rehberg, Karl-Siegbert (Hrsg.): Die Natur der Gesellschaft: Verhandlungen des 33. Kongresses der Deutschen Gesellschaft für Soziologie in Kassel 2006. Campus Verlag, Frankfurt am Main 2008, S. 2879–2895.

Mayntz, Renate: Zur Theoriefähigkeit makro-sozialer Analysen. In: Mayntz, Renate (Hrsg.): Akteure – Mechanismen – Modelle. Zur Theoriefähigkeit makro-sozialer Analysen. Campus Verlag, Frankfurt am Main/New York 2002, S. 7–43.

Mayntz, Renate: Soziale Mechanismen in der Analyse gesellschaftlicher Makro-Phänomene. In: Schimank, Uwe/Greshoff, Rainer (Hrsg.): Was erklärt die Soziologie? Methodologien, Modelle, Perspektiven. LIT Verlag, Berlin 2005, S. 204–227.

Opp, Karl-Dieter: Gesellschaftliche Krisen, Gelegenheitsstrukturen oder rationales Handeln? Ein kritischer Theorienvergleich von Erklärungen politischen Protests. In: Zeitschrift für Soziologie, Jg. 25, Heft 3, Juni 1996, S. 223–242.

Opp, Karl-Dieter: Erklärung durch Mechanismen: Probleme und Alternativen. In: Kesckes, Robert/Wagner, Michael/Wolf, Christof (Hrsg.): Angewandte Soziologie. VS Verlag für Sozialwissenschaften, Wiesbaden 2004, S. 361–379.

Opp, Karl-Dieter: Der Beitrag der Sozialwissenschaften zur Lösung praktischer Probleme. In: Soziologie 34, Heft 2, 2005, S. 131–152.

Opp, Karl-Dieter: Book Review: Peter Hedström: Dissecting the Social. On the Principles of Analytical Sociology. In: European Sociological Review 23, Nr. 1 2007, S. 115–122.

Opp, Karl-Dieter: What is Analytical Sociology? Strenghts and weaknesses of a new sociological research program. In: Social Science Information 52 (3) 2013, S. 329–360.

Opp, Karl-Dieter: Methodologie der Sozialwissenschaften. Einführung in Probleme ihrer Theorienbildung und praktischen Anwendung. Springer VS, Wiesbaden, 7. Auflage 2014.

Prosch, Bernhard: Badewanne oder Schlachtschiff? – Anmerkungen zur Diskussion über das Mikro-Makro-Modell. In: Rehberg, Karl-Siegbert (Hrsg.): Die Natur der Gesellschaft: Verhandlungen des 33. Kongresses der Deutschen Gesellschaft für Soziologie in Kassel 2006. Campus Verlag, Frankfurt am Main 2008, S. 4186–4192.

Schimank, Uwe: Theoretische Modelle sozialer Strukturdynamiken: ein Gefüge von Generalisierungsniveaus. In: Mayntz, Renate (Hrsg.): Akteure – Mechanismen – Modelle. Zur Theoriefähigkeit makro-sozialer Analysen. Campus Verlag, Frankfurt/New York 2002, S. 151–178.

Schmid, Michael: Ist die Soziologie eine erklärende Wissenschaft? In: Schimank, Uwe/Greshoff, Rainer (Hrsg.): Was erklärt die Soziologie? Methodologien, Modelle, Perspektiven. LIT Verlag, Berlin 2005, S. 122–148.

Schmid, Michael: Soziale Mechanismen und Soziologische Erklärungen. In: Aretz, Hans-Jürgen/Lahusen, Christian (Hrsg.): Die Ordnung der Gesellschaft. Festschrift zum 60. Geburtstag von Richard Münch. Peter Lang Verlag, Frankfurt am Main 2005, S. 35–82.

Schmid, Michael: Die Logik mechanismischer Erklärungen: VS Verlag für Sozialwissenschaften, Wiesbaden 2006.

Schmid, Michael: Zur Logik mechanismischer Erklärungen in den Sozialwissenschaften. In: Schmitt, Marco/Florian, Michael/Hillebrandt, Frank (Hrsg.): Reflexive soziale Mechanismen. Von soziologischen Erklärungen zu sozionischen Modellen. VS Verlag für Sozialwissenschaften, Wiesbaden 2006, S. 31–64.

Schmid, Michael: Die Logik mechanismischer Erklärungen und die Einheit der Sozialwissenschaft. In: Balog, Andreas/Schülein, August (Hrsg.): Soziologie, eine multiparadigmatische Wissenschaft. Erkenntnisnotwendigkeit oder Übergangsstadium? In: VS Verlag für Sozialwissenschaften, Wiesbaden, 1. Auflage 2008, S. 227–262.

Schmid, Michael: Theorien, Modelle und Erklärungen. Einige Grundprobleme des soziologischen Theorienvergleichs. In: Preyer, Gerhard (Hrsg.): Neuer Mensch und kollektive Identität in der Kommunikationsgesellschaft. VS Verlag für Sozialwissenschaften, Wiesbaden, 1. Auflage 2009, S. 323–359.

Schmid, Michael: Das Aggregationsproblem – Versuch einer methodologischen Analyse. In: Hill, Paul/Kalter, Frank/Kopp, Johannes/Kroneberg, Clemens/Schnell, Rainer (Hrsg.): Hartmut Essers Erklärende Soziologie. Kontroversen und Perspektiven. Campus Verlag, Frankfurt/New York 2009, S. 135–166.

Schmid, Michael: Mechanismische Erklärungen und die ‚Anatomie des Sozialen.' Bemerkungen zum Forschungsprogramm der Analytischen Soziologie. In: Kron, Thomas/Grund, Thomas: Die Analytische Soziologie in der Diskussion. VS Verlag für Sozialwissenschaften, Wiesbaden, 1. Auflage 2010, S. 31–65.

Schmid, Michael: Die Erklärungsaufgabe der Soziologie und das Problem der Rationalität. In: Maurer, Andrea/Schimank, Uwe (Hrsg.): Die Rationalitäten des Sozialen. VS Verlag für Sozialwissenschaften, Wiesbaden, 1. Auflage 2011, S. 215–244.

Schmitt, Marco: Einführung: Die Reflexivität sozialer Mechanismen. In: Schmitt, Marco/Florian, Michael/Hillebrandt, Frank (Hrsg.): Reflexive soziale Mechanismen. Von soziologischen Erklärungen zu sozionischen Modellen. VS Verlag für Sozialwissenschaften, Wiesbaden 2006, S. 7–27.

Schmitt, Marco: Kommunikative Mechanismen. Reflexive soziale Mechanismen und kommunikationsorientierte Modellierung. In: Schmitt, Marco/Florian, Michael/Hillebrandt, Frank (Hrsg.): Reflexive soziale Mechanismen. Von soziologischen Erklärungen zu sozionischen Modellen. VS Verlag für Sozialwissenschaften, Wiesbaden 2006, S. 203–228.

Schmitt, Marco/Florian, Michael/Hillebrandt, Frank (Hrsg.): Reflexive soziale Mechanismen. Von soziologischen Erklärungen zu sozionischen Modellen. VS Verlag für Sozialwissenschaften, Wiesbaden 2006.

Seipel, Christian: Strategien und Probleme des empirischen Theorienvergleichs in den Sozialwissenschaften. Rational Choice Theorie oder Persönlichkeitstheorie? Leske + Budrich, Opladen 1999.

Wagner, Gerhard: Die Wissenschaftstheorie der Soziologie. Ein Grundriss. Oldenbourg Verlag, München 2012.

Weber, Max: Gesammelte Aufsätze zur Wissenschaftslehre. Tübingen, 3. Auflage 1968.

Weihrich, Margit: Passt die phänomenologische Soziologie in ein allgemeines Modell einer soziologischen Erklärung? In: Schimank, Uwe/Greshoff, Rainer (Hrsg.): Was erklärt die Soziologie? Methodologien, Modelle, Perspektiven. LIT Verlag, Berlin 2005, S. 241–249.

Ylikoski, Petri: The (hopefully) last stand of the covering-law theory: A reply to Opp. In: Social Science Information, Nr. 52 2013, S. 383–393.

In der Schriftenreihe *Politik begreifen* werden Forschungsarbeiten vorgestellt, die sich theoretisch und methodologisch reflektiert mit empirischen und normativen Problemen der Politikwissenschaft auseinandersetzen. Die Beiträge zeichnen sich nicht nur dadurch aus, dass sie gelungene Beispiele für eine theoriegeleitete Analyse politischer Phänomene darstellen und die politikwissenschaftliche Diskussion bereichern, sondern auch durch ihre anregenden Fragestellungen aus allen Teilbereichen der Politikwissenschaft, die auch für ein breitgefächertes Fachpublikum interessant sind.

In der Schriftenreihe *Politik begreifen: Schriften zu theoretischen und empirischen Problemen der Politikwissenschaft* sind bisher erschienen:

Maximilian Kurz:
Drogen, Terror, Öl – Entstehung und Wandel der US-Außenpolitik gegenüber Kolumbien 1999–2003. Eine netzwerkanalytische Betrachtung aus Sicht des neuen Liberalismus
(Band 1)
150 Seiten, 24,90 Euro, 2007
ISBN 978-3-8288-9228-6

Erik Stei:
Gerechtigkeit und politischer Universalismus – John Rawls' Theorie der Gerechtigkeit. Eine kritische Analyse der Rechtfertigungsleistung
(Band 2)
102 Seiten, 24,90 Euro, 2007
ISBN 978-3-8288-9305-4

Andreas Schmidt:
Liberale Theorien des Demokratischen Friedens. Ein Vergleich vor dem Hintergrund der Revolution in Military Affairs
(Band 3)
108 Seiten, 24,90 Euro, 2007
ISBN 978-3-8288-9324-5

Gregor Schäfer:
Spieltheorie und kommunikatives Handeln in den Internationalen Beziehungen. Eine Analyse der ZIB-Debatte (1994–2001)
(Band 4)
140 Seiten, 24,90 Euro, 2007
ISBN 978-3-8288-9346-7

Carina Schmitt:
Does Civic Engagement Matter? Soziale Beteiligung und Public Policy in Ecuador
(Band 5)
116 Seiten, 24,90 Euro, 2007
ISBN 978-3-8288-9377-1

Karl Marker:
Politische Skandale in Demokratien und Schauprozesse in Diktaturen. Zur funktionalen Äquivalenz
(Band 6)
102 Seiten, 24,90 Euro, 2007
ISBN 978-3-8288-9393-1

Tatjana Rudi:
Der Einfluss von Institutionen auf die Wirtschaftsleistung der Transformationsstaaten
(Band 7)
148 Seiten, 24,90 Euro, 2007
ISBN 978-3-8288-9417-4

Christian Grobe:
Kooperation und Verhandlungen in den Internationalen Beziehungen. Eine Neubetrachtung der ZIB-Debatte aus rationalistischer Perspektive
(Band 8)
114 Seiten, 24,90 Euro, 2007
ISBN 978-3-8288-9472-3

Christine Tiefensee:
Moral Realism. A Critical Analysis of Metaethical Naturalism
(Band 9)
146 Seiten, 24,90 Euro, 2008
ISBN 978-3-8288-9534-8

Emanuel Hansen:
Politische Partizipation in Europa. Erklärungsfaktoren und ihr Zusammenwirken
(Band 10)
107 Seiten, 24,90 Euro, 2009
ISBN 978-3-8288-9842-4

Robert Lehmann:
Politische Veränderungen als Lernprozesse. Handlungstheoretische Rekonstruktion und Bewertung von Ansätzen des Policy-Lernens
(Band 11)
125 Seiten, 24,90 Euro, 2009
ISBN 978-3-8288-2088-3

Katrin Kräuter:
Der Machtbegriff bei Hannah Arendt
(Band 12)
90 Seiten, 19,90 Euro, 2009
ISBN 978-3-8288-2171-2

Florian Röder:
US-Außenpolitik und nukleare Aspiranten. Nichtverbreitung durch Anreize?
(Band 13)
100 Seiten, 24,90 Euro, 2010
ISBN 978-3-8288-2197-2

Siegfried Bühler:
Determinanten Freiwilligen Engagements. Argumentation für den Nutzen einer handlungstheoretisch geleiteten Herangehensweise an eine theoretische Integration
(Band 14)
134 Seiten, 24,90 Euro, 2010
ISBN 978-3-8288-2386-0

Stefan Schlag:
Verwaltungsreform und Effizienz. Eine Analyse des Neuen Steuerungsmodells für Kommunalverwaltungen
(Band 15)
78 Seiten, 19,90 Euro, 2011
ISBN 978-3-8288-2554-3

Matthias Mader:
Können sozialpolitische Dienstleistungen Armut lindern? Eine empirische Analyse wirtschaftlich entwickelter Demokratien
(Band 16)
106 Seiten, 24,90 Euro, 2011
ISBN 978-3-8288-2651-9

Kevin Urbanski:
Zur Funktionsweise von Mediationsverfahren in den internationalen Beziehungen
(Band 17)
130 Seiten, 24,90 Euro, 2012
ISBN 978-3-8288-3080-6

David Kraft:
Die Politik des Wirtschaftswachstums
(Band 18)
140 Seiten, 24,95 Euro, 2013
ISBN 978-3-8288-3146-9

Paul Rünz:
Making European Citizens?
(Band 19)
136 Seiten, 24,95 Euro, 2014
ISBN 978-3-8288-3316-6

Mariel Reiss:
Make it a People's Integration!
(Band 20)
112 Seiten, 24,95 EUro, 2014
ISBN 978-3-8288-3414-9

Thomas Buchal:
Der umkämpfte Begriff Nachhaltigkeit. Deutungsmuster in der Medienöffentlichkeit
(Band 22)
114 Seiten, 24,95 Euro, 2015
ISBN 978-3-8288-3557-3

Florian Auras:
„Alter Wein in neuen Schläuchen?“ Eine kritische Analyse des Konzepts Sozialer Mechanismen vor dem Hintergrund Hartmut Essers Modell Soziologischer Erklärungen (MSE)
(Band 23)
103 Seiten, 24,95 Euro, 2015
ISBN 978-3-8288-3565-8

Zeitfracht Medien GmbH
Ferdinand-Jühlke-Straße 7
99095 Erfurt, Deutschland
produktsicherheit@kolibri360.de